HEVEN
AND
HELL

天国と地獄

ルドルフ・シュタイナー著
西川隆範編訳

Rudolf Steiner
Ryuhann Nishikawa

緒言

――私たちの肉眼に映る世界がすべてなのだろうか。肉眼では見えないけれども、想像可能な異次元空間、宗教が説いてきた天国や地獄は本当に存在するのだろうか。存在するとすれば、信仰的にではなく体験的に実際の様相を解明することはできるだろうか。

あるいは、

――私は死んだら、どうなるのだろう。死んだら、終わりなのだろうか。そうなら、私がなくなってしまうというのは、どんな感じなのだろう。あるいは、死後があるのだろうか。あるとしたら、私はそこでやっていけるのだろうか。闇のなかで私は不安におののくのだろうか。それとも、臨死体験者がいうような美しい世界が開けてくるのだろうか。

そんなふうに思ったことのある人がいるだろう。

世俗の思いは、死を思惟すると、一挙に価値が失せる。自分は死によって消滅するのだろうか、未知の死後の世界で自分はどのように過ごせるのだろうかという不安に直面すると、日常的な欲望はたちまち消え去る。死とは何か、死後はどんな状態かを解明することが最大の問題、ほとんど唯一の問題になる。

この問題の解明のためには、宗教文献・心霊文献の研究だけでなく、心眼・天眼を開いて、みずから霊界・天界を見極めることが必要である。天を見た人には、死への不安がなくなるとともに、生活への不安もなくなるという。

人間は身体だけの存在ではなく、身体には生命があり、心の思いと、自分という魂を持っている、と人智学（Anthroposophie）という精神科学の創始者ルドルフ・シュタイナー（一八六一〜一九二五年）は考えている。身体と、身体を成長・維持するエーテル体（生命体＝形成力体）と、思いのオーラであるアストラル体（感受体）と、自分そのものである個我から人間はできているというのが、シュタイナー人智学の基礎である。

同様に、宇宙も単なる物質だけでなく、人々の思いが流れる領域と、観念がいきいきとした実体として存在しているイデアの世界を思い浮かべることができる。それは個人の内面空間なのか、それとも心霊的・天上的な実在の世界なのだろうか。

天界が存在するとした場合、私たちにとって問題となるのは、地上にいる今の私たちがどのように天と交流して現世を有意義なものにできるか、死後の霊界通過・天界滞在のために今どういう心構えが必要か、そして、心霊世界にいる霊魂をいかに供養すべきかであろう。

第一の問いについては、研究と瞑想による天界認識の育成が必要である。

第二の問題に関しても、研究と瞑想による天界認識によって自分の歩む道が見えることが大事だ。そうして、純心と善意を実現すること、物欲と自己中心的な思いを捨てていくことが勧められる。

第三の問いに関してシュタイナーは、死者を思い出すこと、天界の地図となる聖典を死者のために読むことを勧め、死者のための祈りの言葉を作っている。また、物欲を脱し、死後の反省期（生前の自分を振り返る数十年間）を終えた死者は、地上の私たちに助言できる、とシュタイナーは述べている（シュタイナー『精神科学から見た死後の生』風濤社、拙著『死後の宇宙生へ』廣済堂出版）。

私たちに有益な霊感を送るのは守護霊だといわれる。守護霊というのは、死後一定の年数を経た先祖その他の霊魂のことである。守護天使（もしくは守護神）というのは、私たち個人の魂の成長を見守る神霊存在である。守護天使・守護神はもっぱら人間の魂の成長に注目し、守護霊は子孫のまっとうな暮らしに思いを向けると言われる。

シュタイナーは、死者が天国に入るのは帰幽後、生前の寿命の三分の一ほどの年月が経過した時点だとしている。死後二〇年あまりで死者は地上的な生活の関連から離れる（夭逝の場合はもっと短い）と彼は言う。

一般の死者の場合、天国にいたるまでの時期、つまり物欲を滅し、生前の自分を振り返って反省する時期が一苦労である。天国にいたれば、地上のために働きかけができるし、来世の自分の設計もできる。ただ執念が大きかった場合は、その念が簡単には消えず、その思いが彷徨するという話をよく聞く。

幸い、日本には、そのような怨念を鎮める（荒れた状態から和やかな状態にする）方法がある。シュタイナーは、死者は火星領域（後述）にあるとき涅槃の教えに触れる必要がある、と語っている（『宇宙的事実への関連における死と再誕の間の生』シュタイナー全集一四一巻、『物質存在のなかに入り込む精神の世界——死者から生者の世界への働きかけ』全集一五〇巻）。そのように、無や空の教えによって妄念を消すのが本道であるが、当初は供養によって念を鎮めるのが有効のようである。

日本の心霊研究家たちは、墓と仏壇（神道なら霊屋、カトリックなら家庭祭壇）と位牌（カトリック聖具でも位牌、神道では霊代、儒教では位版・神主《しんしゅ》）の意味、ならびに、埋葬・供養の仕方に不備のある場合の霊障について語っている。シュタイナーは、霊魂は墓石のなかで彼方へと通じる道を知る、と述べている。

＊

世界は物質界だけでなく、幽界、冥界、霊界、天国、極楽などがある、と信じられてきた。

神道では、高天原・葦原中国・黄泉国（根の国）。仏教では、無色界・色界・欲界。キリスト教では、天国・煉獄・地獄。いずれも、三つの世界を想定している。

神智学から分かれて人智学を打ち立てたシュタイナーも「三つの世界」を説く。精神の国（Geisterland, spiritland）、心魂の世界（Seelenwelt, soul world）、そして物質界である。

精神の国は、上部にある無形の精神の国と、下部にある有形の精神の国に分けられる。無形の精神の国は三つの領域（上から、原像の創造力の世界、宇宙の意図の世界、精神的自己の故郷）に細分され、有形の精神の国は「思考の原像の世界、心魂の原像の世界、生命の原像の世界、物質の原像の世界」の四領域に区分される。
心魂の世界は上部三層（心魂の生命の世界、活動的な心魂の世界、心魂の光の世界）と下部四層（快と不快の世界、願望の世界、流れる刺激の世界、欲望の炎の世界）からなる。

神智学では梵語を用いて、精神の国をデーヴァ界（神界）、心魂の世界をカーマ界（欲界）と呼ぶ。心魂の世界は、西洋神秘学の用語ではアストラル界と呼ばれる。シュタイナーは、イマジネーションによって心魂の世界、インスピレーションによって有形の精神の国、インテュイションによって無形の精神の国を認識できる、と語っている。イマジネーションは西洋で浄化（katharsis）と言われたものに通じ、インスピレーションは開悟（enlightenment, illumination）、インテュイションは神秘的合一（unio mystica）に相当する。

仏教で言う無色界は上から「非想非非想処・無所有処・識無辺処・空無辺処」の四領域に細分される。色界は四禅天（色究竟天・善現天・善見天・無熱天・無煩天・無想天・広果天・福生天・無雲天）、三禅天（遍浄天・無量光天・少浄天）、二禅天（光音天・無量光天・少光天）、初禅天（大梵天・梵輔天・梵衆天）に分類されている。

欲界は六欲天（他化自在天・化楽天・兜率天・夜摩天・忉利天・四王天）および「人間・阿修羅・畜生・餓鬼・地獄」に区分される。この地獄・餓鬼・畜生・阿修羅・人間・天を流転するのが「六道輪廻」であり、欲界・色界・無色界を輪廻するのが「三界流転」だ。

地獄には、八熱地獄・八寒地獄のほか、そのそれぞれに副地獄、さらに方々に孤地獄があるとされている。八熱地獄は、等活地獄・黒縄地獄・衆合地獄・叫喚地獄・大叫喚地獄・焦熱地獄・大焦熱地獄・無間地獄＝阿鼻地獄である。

キリスト教の天国は、「至高天・原動天・恒星天・土星天・木星天・火星天・太陽天・金星天・水星天・月天」からできている。

煉獄は七つの「冠」からできている。下方に、まず第一前域（破門された者の行くところ）、第二前域（臨終にあたって悔悟した者の行くところ）があり、第一冠には高慢な者、第二冠には嫉妬する者、第三冠には憤怒する者、第四冠には怠惰な者、第五冠には貪欲な者、第六冠には貪食な者、第七冠には邪淫する者がいる。第七冠の上＝煉獄山頂には地上天国がある。

地獄は、九つの圏に分けられている。

＊

シュタイナーは『神智学』（イザラ書房、筑摩書房、柏書房、http://www.sam.hi-ho.ne.jp/shogo_mori/steiner-werke/theosophie.pdf 他）で、心魂の世界の第五領域（心魂の光の世界）について、こう述べている。「宗教的活動によって感覚的繁栄の高まりを求める人々の心魂が、ここで浄化される。彼らの憧憬が地上的楽園を目指していても、天上的楽園を目指していても、ここで浄化される。彼らは心魂の国のなかで、この楽園を見出すが、それは、この楽園の価値のなさを見抜くためである」。本当の天国はもっと上、精神の国にあるというわけだ。

空海『秘密曼荼羅十住心論』ならびに『秘蔵宝鑰』では、天上界に生まれたいと願う心は下から三番目に位置づけられている。その上に、解脱・涅槃・成仏を目指す仏教諸派の七段階が配されている。

いうまでもなく、極楽浄土へは「往生」するのであって、「成仏」するのではない。ただ、本当の成仏は遥かな課題だから、当面、天に往生しては地上に還ってくる経過を繰り返しながら成仏に近づいていくのは賢明である。未熟なままで涅槃に安らごうとすると、取り返しのつかないことになるといわれる。

「死後」を想うと不安や恐れや希望的観測が出てくる可能性がある。「生まれる前」を追求すると、そのような感情なしに天上の自己を探究できる。禅でいう「父母未生以前本来面目」を見るのである。

普通、人間は昨日のことは覚えているが、昨夜から今朝までの睡眠中のことはよく分かっていない。明日の予定は立てるが、今夜から明朝までの睡眠中の経過について計画することは少ない。同様に、生まれる前の天上界の自分よりも前世のほうが想起しやすいかもしれない。死後よりも来世のほうが思い描きやすいかもしれない。

神霊世界に向かおうとするファウストは、メフィストフェレスから「道はない。だれも入ったことのないところ、だれも入らないところ、だれも入れないところへの道。……孤独に追い回される。あなたは荒涼と孤独が分かっているのか。……あなたは永遠に空虚な彼方で何も見ず、自分の足音も聞かず、休む場もない」と言われて、「君の無のなかに、私はすべてを見出したい」と答えている。

訳者の場合、いままでの年月を振り返ると、罪滅ぼしをしなくてはならないことがいくつもある。不十分に終わったことを果たすために来世を生きよう、という思いが強い。しばらく前から、過去・未来の各時点が同時的に現存している、という感じがする。物質界は大きな世界の一部が現象したものだ、と思う。シュタイナーを学んでいると、心霊領域・神霊世界に関する気づきがしばしばある。天界探究にとって、シュタイナー精神科学は依拠するに足る、最も確実なものの一つだ。

本書は、はじめに天国・地獄の基本的な捉え方を述べた「地獄」と「天国」、それから神霊世界・心霊世界について詳しく述べた「心魂の世界」と「精神の国」、そして精神世界の特徴を述べた「アストラル界の法則と精神界の法則」、地獄的な領域に触れた「第八領域」、精神世界への道に触れた「高次世界の現実」を訳出し、最後に補遺として「地球の内部」「アストラル界」「涅槃」を付した（出典は巻末に記載）。

本書が、『絵本・極楽』『絵本・地獄』の版元、風濤社から刊行されるのを、訳者はとてもありがたく思っている。精神文化の意義を真面目に考えて下さっている高橋栄社長に感謝する。

平成二二年季春

西川隆範

天国と地獄＊目次

地獄

天国と地獄

霊的な意味で世界の謎に取り組むと、善・悪という表象が湧き上がってきます。この二つの表象の起源に注目するには、世界の謎を解明しようとする人間の努力を遠くまで遡らねばなりません。

精神世界から私たちの進化を規定しつつ流れゆく不思議な力へと、人間の思考を高める試みがいつもなされてきました。救済と人間の進化に仕える善なる力を、破壊的な力、厄介な妨害の力に関係づけようとする試みが、絶えず、さまざまな形でなされます。この二つの力の方向は対立しているように見えますが、内密な類縁性が常に存在することも、正確に観察する者には示されます。

火についてのシラーの言葉[*1]を考えてみましょう。

火の力は
人間が制御・監視するなら、よいものだ。
天の力は

束縛を逃れて
自らの道を進むと恐ろしい
自然の自由な娘だ。

この詩句のなかに、今日と次回の講演で扱う問いが含まれている、と言いたく思います。さまざまな時代に、地獄と天国という言葉を使って表現された問いが、この詩のなかに含まれています。

地獄と天国という言葉が語られるとき、多くの信者が抱いている迷信的な考えを思い浮かべてはなりません。今日、少なからぬ信者たちが地獄・天国の深い意味を知らずに戦っています。

＊1　シラーの言葉「鐘」の一節。シラーについては『シュタイナー用語辞典』『シュタイナー輪廻転生譚』（ともに風濤社）参照。

神話の世界

私たちの問いは、すでに古代ペルシア文化において発生していました。古代ペルシア文化において、善の力＝オフルマズド（アフラ・マズダ）[*1]の国と、悪の力＝アフレマン（アンラ・マンユ）[*2]の国が鋭く対立しています。そこでは、世界をよい意味で前進させる霊的な力に、歩みを阻む憎しみの力が混ざり込み、最後に光の力が勝利するさまが、注目すべきイメージで描かれています。これは人間のファンタジーとイマジネーションがまとった大いなるイメージの一つです。

ギリシアのタルタロス[*3]から北欧の神話世界にいたるまで、地獄が描かれています。物質界で文化の方向に相応しい誉れある死に方をしなかった者たちが落ちていく領域です。地獄の伝説を思い出すと、私たちはある特徴に気づきます。正確に注意しましょう。伝説という衣装には、現代の抽象的概念で究明されたものよりも深い叡智がしばしば存在するからです。

古代北欧神話は、現在の世界は冷たい霧に満ちたニブルヘイム[*4]と暖かい地ムスペルスヘイム[*5]に由来する、と述べています。ニブルヘイムは、ゲルマン民族の表象では、日の射さぬ太古の北の地です。この二つの国の合同によって、地球の現在の状態が発生しました。暖かいムスペルスヘイムからではなく、霧に満ちた冷たいニブルヘイムから、いま人類に役立っている重要な力が発したのです。そこで、今日の文化の基盤になっている人間の高次の力が形成されました。
天に相応しくない死者たちを受け入れる冥界《ヘル》の女王ヘル*6は、神々によってこのニブルヘイムに追いやられた、と物語られています。これは見事に、私たちの問いに触れています。名誉ある死に方をしなかった者たちは、冥界に入っていきます。天界の上昇の力が、死・腐朽の力を代表するヘルに結び付いているのは注目に値します。

*1 オフルマズド（アフラ・マズダ） ゾロアスター教で、善なる光の神。『シュタイナー用語辞典』参照。
*2 アフレマン（アンラ・マンユ） ゾロアスター教で、闇の悪神。アーリマン。『シュタイナー用語辞典』参照。
*3 タルタロス ギリシア神話で、地下にあるとされる冥府。原初に、カオスに続いて、ガイアの奥底に作られた。
*4 ニブルヘイム 奈落の口の北にある氷と霜の国。
*5 ムスペルスヘイム 奈落の口の南で炎を上げている国。ムスペルスヘイムの熱風とニブルヘイムの霜がぶつかって、巨人が誕生した。
*6 ヘル 災いの神ロキの娘。霧に覆われた暗い地下の寒冷地である冥界で、死者たちに住居を割り当てる。

ダンテとゲーテ

古代を去って現代に近づきましょう。ポッホハマー版のダンテの本[*1]には、「悪が集中する世界をイメージするにあたって、ダンテの本は世界存在の深みから私たちの存在を解明する」と書かれています。ダンテは圧倒的な印象を与える詩の冒頭から、高次の神霊的世界に向かう人間の浄化と生成の過程を、壮大に力強く描いています。

また、ある詩人が人間の心魂のなかにある力を描くために、天国と地獄を把握しようとしました。ゲーテが『ファウスト』を書いたのです。ゲーテはファウストを導く明るい光の力と、地獄的な力の代表者＝メフィストフェレスとを対峙させました。

ゲーテの『ファウスト』のなかには、ファウストとメフィストフェレスの独特の関係、この両者と宇宙存在との独特の関係を述べる意味深い言葉がたくさんあります。そのなかの二つだけを、ここで思い出しておきましょう。北欧神話を思わせる言葉、ゲーテが善と悪の概念を並べた言葉です。

一つは、メフィストフェレスのことを「絶えず悪を欲しながら、絶えず善を創造する力の一部[*2]」と言っているところです。宇宙存在全体との内密な関連において、善と悪の概念が述べられています。
もう一つの言葉は、一方では私たちをゲーテの心魂の奥深くに導き、他方では私たちの扱っている問題の深みに導きます。その詩句に触れないわけにはいきません。良い力と、メフィストフェレスが達成しようとするものとがファウストのなかでどう関連しているかを、その詩句は語っているからです。どのような条件でならメフィストフェレスの手に落ちるか、ファウストが協定をメフィストフェレスと結ぶ瞬間を、ゲーテは描いています。

私がある瞬間にむかって、
「止まれ。君はとても美しい」と言ったら、
君は私を鎖で縛ってよい。
私は喜んで滅びよう。
そのとき、弔いの鐘が鳴り、
君は務めから解放される。
時計は止まり、時計の針は落ちる。

私の時は過ぎ去るのだ。*3

「私がある瞬間にむかって、〃止まれ。君はとても美しい〃と言ったら」という言葉の意味をメフィストフェレスはまったく理解していない、ということをゲーテは私たちに示しています。ファウストは、ある瞬間に向かって「止まれ。君はとても美しい」と言う事態になったら地獄的な力の手に落ちる、ということを知っています。

＊1　ダンテの本　パウル・ポッホハマー（一八四一～一九一六年）による独訳『神曲』。

＊2　絶えず悪を欲しながら……　ゲーテ『ファウスト』第一部「書斎」の場におけるメフィストフェレスの科白。ゲーテについては『シュタイナー用語辞典』参照。

＊3　私がある瞬間にむかって……　ゲーテ『ファウスト』第一部「書斎」の場におけるファウストの科白。

天国・地獄は空想か

この詩句を、きょうの考察の最初に置くべきです。私たちがきょう取り組むものが、一方では神話世界によって、他方では詩的な衣装をまとった人間の深い思考によってどのような方向に導かれるかを、この詩句が私たちに示すからです。

もちろん、物質世界の概念を数個寄せ集めて世界観全体を構築可能と思う者は、地獄と天国という概念を非常に簡単に仕上げるでしょう。そのような人は、私たちが考察しているものに煩わされません。「さまざまな宗教と子どもっぽい世界観がどう展開していったかを遡っていけばよい。そうすれば、苦境に陥った人間が天国・地獄と名付けられるものを発見したことが明らかになるだろう。それは人間が地上で耐え忍ばねばならない苦痛を慰めるためであり、また、地獄に対する恐怖によって利己的な衝動を善に向けるように人々を励ますためだ」と、簡単に言われます。

そのように語る者は、どのような動機から天国と地獄という表象が人間にもたらされたのか、なにも知りません。

きょうは、たんなる寄せ集めの観察や、なんらかのイメージ・判断・理屈のなかに、人類がいつも立ててきた問いの答えを探求しようとは思いません。

「男・女・子ども」というテーマについて行なった私の講演[*1]を思い出してください。そこでは、人間の生成過程について語り、人間の生成に参加するさまざまな力について語りました。私たちが精神科学の意味でこの人間生成過程を概観すると、生成中の子どもを精神科学者がどう考察するか、子どもが誕生の瞬間からどう私たちに向き合い、いかに自分の力と能力を日の光の下で作り出していくかを知ることができます。

精神科学によって研ぎ澄まされたまなざしをもって生成中の子どもを見る者は、胎児から能力が発展していく様子を見ます。唯物論的な科学は、そのように形成されていくものを、単に両親・祖父母・祖先から遺伝された特徴だ、と私たちに信じ込ませようとします。遺伝という言葉が今日、大きな役割を果たしています。

＊1 「男・女・子ども」というテーマについて行なった私の講演 一九〇八年一月九日の講演「精神科学の光に照らした男・女・子ども」のこと。邦訳、『シュタイナー教育の基本要素』（イザラ書房）所収。

レディ

精神科学は、さほど遠くない過去――三〇〇年も遡らないころ――にイタリアの偉大な科学者フランチェスコ・レディ[＊1]が演じたような役割を演じる必要に迫られています。彼は、今日では学者も素人も知っていることを最初に語った人です。

彼の時代には素人も科学者も、生命のない泥から低級生物のみならず蚯蚓《みみず》や魚などが発生する、と思っていました。すべての事物を純粋に機械的な世界秩序に帰すことを妨げるのは宗教的な先入観だ、と今日では思われています。当時は、数少ない非宗教的な学者だけが、無機物から生物が発生すると考えたのではありません。聖アウグスティヌス*2も、その見解を代表しました。聖アウグスティヌスの宗教性はそのような見解を代表することと矛盾しなかった、ということがここから分かります。

このような見解と相入れないものは何でしょう。世界存在の深みに入っていく外的・内的な現実体験、事物に関する物質的経験です。超感覚的経験ではありません。超感覚的経験ではなく物質的経験が、レディが行なった「生物は生物のみから発生する」という発言を証明していきました。現代の精神科学は、当時のレディと同じ立場にあります。レディはかろうじて、ジョルダーノ・ブルーノ*3の運命から逃れました。

今日反対されているのは、「精神的なものは精神的なものからのみ発生する」という見解です。胎児の資質から発生するものを、私たちは物質的経過に帰すことはできません。生命あるものが生物に帰すように、精神的なものは精神的なものに帰します。精神的なものは精神的・心魂的なものに由来します。

この精神的・心魂的なものが、物質その他の覆いに包まれています。精神的・心魂的な能力・特徴に色合いとトーンを与える物質的な身体は、両親・祖父母などから遺伝されたものです。遺伝のなかで特徴が増えて、その特徴が子孫のなかに現われます。精神的な萌芽が現われる身体のなかに身体的遺伝が見られるのは当然のことです。

＊1　フランチェスコ・レディ　Francesco Redi（一六二六〜九七年）　イタリアの医師、博物学者。一六八八年、肉を布で覆って蠅が卵を産みつけないようにすれば蛆が発生しないことを証明した。

＊2　アウグスティヌス　Aurelius Augustinus（三五四〜四三〇年）　初期キリスト教の教父。ヒッポ（北アフリカ）の司教。主著『神の国』『告白』。『シュタイナー用語辞典』参照

＊3　ジョルダーノ・ブルーノ　Giordano Bruno（一五四八〜一六〇〇年）　イタリアの自然哲学者。ドミニコ会修道院に入ったが、宇宙は無限であり、自然はアトムの集合体であると説き、異端者として火刑にされた。著書に『原因・原理・一者』『無限――宇宙と諸世界』『モナド論』。

遺伝と輪廻

私たちは物質的な遺伝をどのように考察するでしょうか。つぎのような例をあげましょう。

ある植物の種を、植物を実らせる養分がたっぷりある豊かな土地に撒きます。そして、

同じ植物の種を、植物が必要とする養分に乏しい土地に撒きます。植物は土地の特徴を自らのうちに担います。その植物が胚珠のなかにあるものをどのように展開していくかを、私たちは見ます。他方では、この植物の胚珠を発展させるものを見ます。

今年の植物が去年の植物から発生するように、人間は過去の精神・心魂から発生します。人間は遺伝をとおして用意された土台の上で成長します。精神的・心魂的な萌芽は、遺伝という土壌から持ち込まれた特徴を含みます。これが全体の経過であり、世界を外的・物質的に考察する者が先に述べた誤謬に陥ることがあるのは、驚くべきことではありません。特別に才能ある人物のなかに祖先の特徴が集まっているのが見えます。音楽家一家に音楽家が生まれ、数学者一家に数学者が生まれます。それを精神科学者は否定しません。

大きな時空のなかで、私たちの精神・心魂は繰り返し復活します。私たちは輪廻転生について語ります。私たちの内なる精神・心魂が前世を示します。前世において、いまの人生の精神的萌芽が準備されました。いま私たちが有するもの、いま私たちが獲得するものが未来において展開し、作用を及ぼします。物質的な血統で繁殖するものは、この精神的・心魂的な胚珠とまったく関係しません。

人間が誕生すると、この精神的・心魂的な胚珠は物質的身体のなかに入ります。精神的・心魂的な胚珠が宿る物質的身体を、家族に遺伝された力が構築します。こうして、人間のなかに二元性が作り出されます。精神的・心魂的なものは精神的な進化の系列に帰し、物質的なものは遺伝の系統に帰します。遺伝と輪廻の二つが入り組んでいることが、意味深い考察によってはっきりします。ある祖先にはこの特性、べつの祖先にはあの特性というふうになっているのが分かります。最後に、それらの特性が集められて、ゲーテやベートーヴェンになります。通常、天才は長い家系の最後に現われます。「天才は家系の最後に出現する」ということに注目しましょう。天才は才能を組織する身体に基づくから遺伝の結果だ、という意見は奇妙です。ベルヌーイ家[*1]の者がいつも数学者になるなら、彼らが特別の身体を必要としていることが明らかです。精神的・心魂的な胚珠が遺伝の系譜のなか、数学的な頭のなかに入り込むなら、ベルヌーイ家の者がそれらの特性を持っているのは驚くべきことではありません。だれかが水のなかに入ったら、出てきたときには濡れています。同様に、ある家族から生まれた者が、その家族の特徴を身に付けているのは当然です。

先に挙げた言葉は当然のことであり、ありきたりのものです。しかし、「天才も遺伝可能である」と言うためには何が必要でしょうか。天才が家系の最後ではなく、最初にいれば、才能が遺伝されていることになります。天才が家系の最後に出現するということは、才能は遺伝されないということを証明しています。

特性は遺伝されると言いながら、天才は家系の最後に現われると主張するのは奇妙です。健全な論理なら、「天才は輪廻するのであり、遺伝されるのではない」と言います。そうでないなら、天才が家系の始めに現われるはずです。私たちは二つの発展、精神的な発展と物質的な発展を考えます。そう考えないと、健全な論理になりません。

＊1　ベルヌーイ家　ヤコブ・ベルヌーイ、ヨハン・ベルヌーイ、ダニエル・ベルヌーイなど多数の数学者・科学者を出したスイスの家系。

眠りと目覚め

何百年前に前世を送った子どもが、いま有している特徴を発揮します。そのように子どもが人生をスタートするのを私たちは見ます。

では、人間はどのように人生から出ていくでしょうか。誕生によって物質的な存在を開始したものが、死の扉をとおって人生から出ていくときの様子を考察してみましょう。

たんに死に注目するのではなく、眠りと目覚めの交替、生と死の交替に目を向けねばなりません。

人間が夜、夢のない眠りに落ちると、本来の人間内部、最奥の部分、存在の核というべきものが他の部分から離れます。眠っている人間は、存在の核とベッドに横たわっているものとに分かれます。

ベッドには物質的身体が横たわっています。物質的身体は死に際して、地球の諸元素に手渡されます。しかし、ベッドで眠っている間の人間の物質的身体は土に帰りません。ベッドの上の物質的身体は、まだエーテル体＝生命体に浸透されています。その物質的身体は生きており、生命機能が維持されています。ベッドには物質的身体とエーテル体＝生命体が横たわっているのです。

快と苦の担い手、喜びと苦悩の担い手、そして日中の感覚感受、つまり暖かさと冷たさ、匂いと味が抜け出ているのが分かります。本能・情念から道徳的理想まで、思考と表象すべての担い手が抜け出ています。それは眠りに入るとき、不定の闇に沈みます。それは朝ふたたび、光のように流れ込んできます。意識の光です。

夜に人体すなわち物質的身体とエーテル体から抜け出るものを、正確に区分しなければばなりません。人間の自己意識と、その担い手、人間の個我です。

快と苦の担い手、本能と情熱の担い手、感覚的感受の担い手を、私たちはアストラル体と名付けます。自己意識の担い手、人間存在の第四の部分を、私たちは個我と名付けます。

この二つの部分、個我の担い手と快と苦の担い手が、夢のない眠りのあいだ、物質的身体とエーテル体から抜け出ています。

なぜ皆さんは眠りの世界を知覚できないのでしょう。現在の人類進化においては、個我とアストラル体は器官を有さないからです。人体には器官、目と耳があるので、物質的な周囲を知覚できます。朝、個我とアストラル体が物質的身体のなかに沈んで、人体の器官を用いると、人間は周囲を知覚します。

私たち人間には四つの部分があります。物質体・エーテル体・アストラル体・個我体です。これが目覚めと眠りの交替の本質です。

死の直後の体験

さて、死の瞬間に目を向けましょう。秘儀参入によって、人間のなかにまどろんでいる高次の感覚を用いることを学んだ人間に示される事実に目を向けましょう。通常の論理によっても、洞察できます。死を通っていく人間が辿る道を、私たちが理解できる形で述べることが可能だからです。

誕生から死までのあいだには例外的な場合にしか起こらないことが、死に際して生じます。生きているあいだ、エーテル体は物質的身体と結び付いています。死においてのみ、エーテル体は物質的身体から分離し、物質的身体は死体になります。そして、物質的身体は単に物理的・化学的な力に従います。

誕生から死までは、エーテル体が中にあることによって、物質的身体は物理的・化学的な力から離れていました。エーテル体は生涯にわたって、内に化学的・物理的な力を有する物質的身体の崩壊に対して戦っています。

物質的身体は死後、自らに委ねられると、崩壊します。物質的身体は本来ありえない混合物なのです。エーテル体は物質的身体から離れ、しばらくのあいだ、アストラル体ならびに個我とともにあります。

この関連は非常に重要です。死の瞬間、人間のまえに、誕生から死までの包括的な記憶画像が現われます。私たちが生きた人生の巨大なパノラマが、私たちの心魂のまえに現われます。この記憶像には、人間存在が拡張するという感情が伴います。人間存在が拡張し、内側に、みごとなパノラマのように、過ぎ去った人生の画像が現われます。

どうして、そうなるのでしょう。エーテル体が記憶の担い手だからです。エーテル体は物質的身体のなかにいるあいだは、物質的身体と結び付いており、誕生と死のあいだに物質的身体のなかで体験したことしか見渡せません。物質的身体が妨害になっているのです。

エーテル体は濁りのない純粋な記憶の担い手なので、死後、過去のすべてが一つの画像のなかに現われます。水に溺れたり、山崩れで臨死体験をした人には、一瞬のうちに全生涯が心魂のまえに現われます。多くの例をあげられますが、一つだけ取り上げましょう。犯罪心理学者モーリッツ・ベネディクト[*1]は、ここで私が語っているようなことがらすべてを無意味な空想と見なす人物でしたが、かつて溺死しかかったとき全生涯が大きな絵のように心魂のまえに現われた、と語っています。

そのような場合、何が起こるのでしょう。物質的身体とエーテル体のあいだに緩みが生じ、すぐにまた結び付いたのです。その結果、短時間のあいだに全生涯が心魂のまえに現われるのです。

＊1　モーリッツ・ベネディクト　Moritz Benedikt（一八三五～一九二〇年）　オーストリアの神経学者。犯罪人類学の研究でも知られる。

エーテル体とアストラル体

このように、まず記憶像が人間の心魂のまえに現われます。ついで、エーテル体がアストラル体と個我から離れる時がやってきます。

しかし、エーテル体の一部は人間存在と結び付いたまま留まります。人生のエキス、エッセンスのようなものです。この人生のエッセンスは、分厚い本の内容を一枚の紙にまとめたようなものです。そのエキスから、本の内容を再構築できるのです。そのような人生のエッセンスのごときものが、人間が自分のさらなる進化のために用いることのできないものを捨て去ったあと、永久に人間の本質に同化されます。私たちはこのことに特別に注意しようと思います。

未来の経過のために人間に摂取されるのは前世の果実です。どの人生においても、大きな本の一ページのようなものが作られ、私たちの地上での生活すべてがそのページのなかに書き込まれます。人生の成果が私たちの存在に取り込まれます。私たちは将来ずっと、そのような果実を人生から得ます。この果実は、人間のこれからの進化にとって大きな意味を持ちます。

しかし、この人生のエキスの意味を論じるまえに、死後の人間のさらなる歩みに注目しなければなりません。

人生の画像が現われたごく短い時間のあと、死後の人間にとって別の時期が始まります。いまや人間は個我とアストラル体と、いま話したエキスを有しています。衝動・欲望・情熱の担い手であるアストラル体がどのように作用するかに注目しましょう。私たちは論理的な思考によって、アストラル体の活動を思い描けます。

おいしい食事を楽しみにしている美食家の体験を例にあげましょう。この楽しみは、どのようにして成り立つでしょうか。たんに物質的身体によるものだ、と言われがちです。しかし、それは不合理です。

物質的身体ではなくアストラル体が、欲望、快と苦の担い手です。アストラル体が享受するのです。おいしい食事への欲望を持つのもアストラル体です。物質的身体は、物質的素材、物理的・化学的な力の装置です。物質的身体は、アストラル体が楽しみを満足させるための道具を提供しているのです。これが、人生におけるアストラル体と物質的身体との関係です。アストラル体は欲望を満足させようとします。物質的身体はアストラル体に、欲望を満足させるための道具、顎・舌などを提供します。

死ぬと、どうなるでしょうか。物質的身体が捨てられると同時に、満足をもたらす身体器官が捨てられます。アストラル体は存在しています。アストラル体は物質的な道具が取り去られても、すぐには欲望を捨てないということが、容易に洞察できます。アストラル体は死後、欲望を満たす物質的な道具が欠けても、欲望を持ちつづけます。アストラル体はおいしい食事への欲望を持っているのですが、口蓋が欠けています。激しい喉の渇きに苦しむ人が、どこにも水のない所にいるようなものです。

死後、欲望を満たすことが不可能なのは、そのための器官がないからにほかなりません。満足させられない状態をとおして徹底的に欲望から抜け出すまで、人間は欲望に苦しみます。

これが、人間が死後に、いわゆる欲界で過ごす時期です。欲望の場所です。物質界でのみ満たすことのできる、アストラル体に根差す欲望を人間が根絶したとき、苦痛の時期は終わります。これは欲望を捨てる時期、浄化の時期です。

さまざまな段階

さて、「この浄化の時期はさまざまな度合の現われ方をするのではないだろうか」と問うなら、「然り」と答えなくてはなりません。二人の人間を取り上げてみましょう。一人は感覚的な享受に夢中になり、朝から晩まで、物質的身体という道具を使って感覚界で満足させられる享楽に耽っています。その人は自分の内面すべてを、物質的身体と同一視しています。そのように自分を物質的身体と同化した人は、この人生において感覚的事物をとおして超感覚的・精神的・心魂的なものを見ている人よりも、死後が困難になります。

反対に、美しい風景や音楽作品を鑑賞する人を取り上げてみましょう。人間は非常に小さなもの、無意味なもののなかに、神霊の現われを見ることができます。美しい景色やよい音楽作品を例にあげるのは、そのほうがものごとを容易に説明できるからです。ある音楽作品のハーモニーとメロディーのなかに世界における永遠なるものの謎を聴きとる人、美しい風景のなかで精神的な調和を心魂に作用させることのできる人の心魂・精神は、すでに誕生から死までの人生において、物質に結び付いたものから離れています。

物質をとおして見えてくるもの、物質をとおして響いてくるものは私たちに残ります。それは浄化の必要がありませんし、捨てる必要がありません。私たちから抜け落ちるのは単なる外的な衣装です。音楽作品における純粋に精神的なものがどのように現われるか、みなさんの内面でよく考えてみてください。精神的なものは感覚的な開示のなかに潜んでおり、感覚的な開示をとおして皆さんのなかに入ってきます。それは精神に属するもの、心魂に属するものであり、人間は死後それを引き離す必要はありません。

人間が物質界で体験・享受できるものと自分とをいかに強く同一視したかによって、浄化のために耐え忍ばねばならないことの度合は異なります。

現在では、だれも実際には持ちえない見通しがあります。その見通しを得る条件を完全に満たす人はいないからです。しかし、そのような見通しは存在します。物質的身体器官をとおしてのみ外界とつながれるものに個我全体を没頭させた人を取り上げてみましょう。物質的・感覚的外界に夢中になり、感覚的外界の基盤にある精神的・心魂的な内容にまったく関心のなかった人です。地上だけを眺め、自分の身体を形成しているものと自分を同一視している人です。その結果どうなるか、人間存在の謎を正確に研究すると、認識できます。

人生のエキス

そのためには、人間がエーテル体のエキスとして携えていくものに注目しなければなりません。人生のエキスとして携えていくものから何ができるでしょうか。過ぎ去った人生の果実から、人間は来世の身体を構築します。

人間が展開していくものは遺伝の産物のように私たちには見えます。しかし、この遺伝の産物は、ある意味で柔軟なものです。人間は単に遺伝の特質から自分の身体を構築するのではありません。融通のきく身体のなかで、人間が前世からもたらしたものが活動・躍動するのです。人間には、遺伝された特質のほかに、前世の果実が織り込まれているのを私たちは見ます。「そのように人間が輪廻転生していくと、どんな結果になるか」と問うなら、輪廻は「地上生活をとおして人間を完成させる歩みだ」と言うことができます。

人間は最初に地上に生まれたとき、今日のたいていの人間に作用している力よりも原始的な力を携えてきました。初めて地上に生まれたときは、心魂を物質的身体とエーテル体のなかに導くことのできる力を、人間はわずかしか持っていませんでした。人間は最初の人生の果実を受け取り、その結果、つぎの人生はより完全なものになりました。最初の地上生に際して有した力に次の人生の経験を付け加えることによって、その力は完成していき、人間は自己の内で完結した調和的存在になります。新たな人生ごとに、私たちは高まっていきます。

そこには二つの力が作用しているのが見られます。人間が死の扉を通過したあと、人生のエキス、将来のために保管する過ぎ去った人生の力が、人間を完成させていきます。そうして、人生から人生へと、人間はますます完成していき、力が増えていきます。しかし、個我が物質的身体を去る瞬間、過ぎ去った地上存在に人間を縛り付ける力がありまず。実際、死後の人間存在は、さらに発展する力と、そのなかに形成される妨害の力とから組み立てられます。

妨害の力

この妨害の力を、もう一度考察しましょう。それは人間が死後、根こそぎ抜き取らねばならないものです。もし他に何も付け加わらなければ、人間は死後、過ぎ去った人生から携えてきた、未来のために実りをもたらす力を備えているだけでしょう。たしかに人間は、過ぎ去った人生に自分を縛り付けるものすべてから離れます。欲求すべて、欲望すべてから離れます。しかし、ある一つのものからは離れられません。一つ残るものがあるのです。人間が死後に自分から引き離すべきものが、誕生と死のあいだに準備されます。それは、人間が地上に誕生するときにはないものです。

人間は地上に生まれたあと、物質界のなかに成長していきます。物質界の享楽への愛着は、人間がこの人生の経過のなかで身に付けたもの、自分の存在のなかに引き入れたものです。そのように人間が次第に自分の存在のなかに引き入れるものは、人間のさらなる進歩に寄与しないものだ、と私たちは思えます。それどころか、もし人間がもっぱらこの諸力に委ねられると進展が不可能になる、と思えます。人間がこのすべてを人生のなかに持ち込み、それが人生に受け取られる可能性があります。ですから、人間のなかに妨害の力をもたらすのは、誕生と死のあいだの人生です。

それは一面では私たちが得る人生経験の果実であり、他面では私たちを物質界に縛り付けるものです。それは一面では、私たちを輪廻転生から超越させようとするものです。他面では、私たちが自分を物質界に結び付けるものすべてを完全に克服するまで、私たちを繰り返しこの世にもたらすものです。

そのように人間は、自分を前進させる力を自分のなかに有すると同時に、妨害する力、遅らせる力も内に有しています。この二つの力から人間が構成されているのを、私たちは見ます。前進的な力と妨害的な力です。

前進と遅滞

前進的な力と遅延的な力がいかに作用しあうかを、個々の場合に見ることができます。通常の人間の目を取り上げてみましょう。目は、ゲーテが言うように、「光によって光のために作られた」[*1]ものです。目がなければ、私たちは光を見ないでしょう。しかし、光がなかったら、目も存在しないでしょう。光が目を発生させたのです。

光は目を作ることによって、先行する進化を妨害するものを造り出しました。太古に光が人体に作用したことによって、人体から目が作り出されました。そのためには、芽吹きと芽生えの生命的な力が妨げられねばなりませんでした。べつの力が長く作用したのちに、目は進化を前方にもたらす器官になる準備が整いました。この例から、妨害・反動の力が本質的に必要であることが分かります。

一方に進化を前進させる力、他方には反動的な力があることによって、いかに賢明に人間生活が調整されているか、分かります。反動的な力は人間を物質界と結合させ、誕生から死までのあいだ人間に、前進の力を得るための器官を作り出します。妨害の力がなかったら、人間は誕生から死までの人生に歩み入らず、精神・心魂を包む覆いのなかで成長していかなかったでしょう。いまや人間は、妨害的な力から作られた生命をとおして活動します。このように、人間は進歩の果実を妨害の力に負っているのです。

人生のなかでは前進的な力と妨害的な力が共同しなければならない、というのは大きな謎です。人間は自分のなかで前進の力と妨害の力の均衡を保つことができますし、ある人生においては完全に妨害の力に結び付くこともあります。

物質的身体においてのみ進歩の手段となる力に、手段としてではなく、自己目的として融合することもあります。その場合、人間の精神・心魂は進化から引き離されます。精神・心魂は進化の外に落ちます。欲界の時期、浄化の時期は、物質界と結び付いているものを人間が少しずつ捨てていく時期です。この時期が絶対的なものになり、極端に現出することがあります。

人間は決して感覚界と完全には癒着しません。人間は自分の内面、心魂のなかで、外的な展望、外的なものから離れることができます。

人間は関心を精神的・心魂的なものに向けなかったら、生の作用力に引き込まれ、物質的・感覚的世界との癒着をとおして精神的・心魂的なものすべてから引き離されます。

この例を取り上げてみましょう。この人は死後、精神的・心魂的な世界に移されます。彼は精神的・心魂的世界に、物質的・感覚的世界への愛着・癒着を克服できずに持っていきます。記憶像が、鉛の錘のように彼に付着し、重くのしかかります。人間は物質的なものを霊的なものに変えて、精神世界に持っていきます。あらゆる進化と進展を阻み、妨害する力と人間は固く結び付いています。これが地獄です。最終的には、浄化の時期が拡張して、精神的・心魂的世界への理解なしに個我が物質的・感覚的なものに執着する状態になります。物質存在における感覚的な享受を無限に満足できるとしても、霊的には地獄の苦しみです。

＊1　光によって光のために作られた　　ゲーテ『色彩論』の一節。

妨害の意味

さて、先に触れたファウストの言葉を理解しようと試みましょう。地獄の使者がファウストを奪い取ろうとするとき、何が必要なのでしょう。ファウストが束の間の身体的存在の時期からさらなる進化の萌芽を吸収せず、物質的存在の「瞬間」をむさぼり、感覚性のなかにとどまろうとすることが必要なのです。私がある瞬間にむかって、「止まれ。君はとても美しい」と言ったら、私はメフィストフェレスのものなのです。

進化を妨げる力に結び付くという同盟を、人間は地獄の力と結ぶことがあるのです。しかし、私たちは同時に、人類進化においてはこの妨害の力が人生のなかにやってこなくてはならない、ということを知ります。

人間が初めて物質的身体のなかに入ったときはどのようだったか、どこからやってきたのか、それは次回に探究しましょう。

いま私たちは、前進する力と反動的な力から人間が組み立てられていることを知っています。人間が初めて物質的身体のなかに入ったときに、妨害する力がなかったら、受肉以前の霊的な姿にとどまっていたことでしょう。妨害する器官が人間のなかで発展することによって、精神は感覚的なもののなかに入り、感覚的なものの果実を受け取って、拡張できるのです。前進の源の力が、まず前進の器官を作らねばなりません。その力はかつての進化を妨害することによって、のちの進化を可能にするにちがいありません。

人生を妨害する現象を嘆くべきではないのです。

善行や、人生に役立つ保守的な要素は自己目的化すると、ブレーキ・障害物になります。死においても、そうです。障害物は、精神的に考察すると、前進の最高の担い手なのです。しかし、それが自己目的になったり、利己的に用いられると、地獄の萌芽になります。地球の人間の能力を生み出したものは、人間が時期外れに結び付くと自己目的化し、地獄の萌芽になるのです。

地獄の要素

いま、私たちは北欧神話を理解します。霧の国から、いまの文化のための霊的な萌芽が発生しました。人間は古い文化を通過していかねばなりませんでしたが、果実を今生にもたらすことによって、古い文化から出ていかねばなりませんでした。今の人生を精神的・心魂的な意味で利用しない人は、かつては有益で、前進をもたらしたものでありながら今は妨害的に作用するものの段階に投げ返される運命になります。

このように、かつては前進の手段であったものが、人間存在のなかに保存されると、地獄的な要素になるのです。霧の国は、いつも地獄に支配されていたのではありません。

人間の良い要素が発展したときまでは、その要素が霧の国をしっかりと保っていたのです。

善と悪、地獄的なものと天国的なものが人生のなかで入り乱れて作用し、ともに人間生活から流れ出てきます。最初に読んだシラーの詩にあったように、慈善的なものは、正しく用いられないと、消耗と妨害の要素になります。炎は、人間が支配すれば有益ですが、「束縛を逃れて自らの道を進むと」恐ろしいものになります。地獄の力も、人間生活のなかで「自らの道」を進むと、恐ろしいものになります。

そのような深い関連を考えたり感じたりした偉大な人物たちが、精神科学が私たちの心魂に提示するのと同じことを考え感じたのが理解できます。

きょうは、地獄的な要素が私たちの人生にとって必要なものである、と認識しました。次回は、全体を解明する要素を詳しく知ることにしましょう。本当の精神科学の光に照らして、天国の要素も知りましょう。

きょうの講演から、ダンテが『神曲—地獄篇』の最後で語ったことが本当であるのが分かります。ダンテも、人間を救済する前進的な力を描くまえに、人生を妨害する力を考察しなければならない、と思いました。

私たちは後退するものと前進するものとの均衡を正しく取れると、日常生活の拠り所を得ることになります。妨害的なものが人間にとって地獄的なものになるおそれがあること、そして、それが本当に前進的な力へと高められると慈善的なものになることが分かります。ダンテはウェルギリウス[*1]の導きで地獄の力を見たあと、妨害の力に打ち克ちます。心魂は歓楽にふくらみ、遠い天穹に輝く星が現われます。

＊1　ウェルギリウス　Publius Vergilius Maro（BC七〇〜一九年）　ローマの詩人。作品に『アエネイス』など。

天国

天国という概念

先回は皆さんに「地獄」の概念について話しました。きょうは「天国」の概念の基盤について話そうと思います。

この概念の本当の意味は、さまざまな宗教の信仰箇条からほとんど消え去っています。今日の精神の流れだけではなく、広く社会・文化・科学の音頭を取る人々から、天国と言う概念は厳しく拒否・嘲笑されます。

「天国」という概念のなかには、今日でも非常に多くの人々にとって、深い心の憧憬の目的となる内容が含まれています。この概念の基盤にあるものが、多くの心魂の献身的な信仰の内容を形作っています。それは多くの心魂に、人生の困難な状況に際して慰めを与えるものです。

同時に多くの人々が、この概念は根深い迷信を表現している、と理解しています。迷信の対象となっているものすべてにこの概念が結び付いている、と理解しています。ある種のサークルでよく語られる霊的な現象に注意を向けると、私たちがきょう取り組むテーマを偏見なく理解しようとするときに、いかに大きな妨げがあるか分かります。

きょう私が話そうと考えていることがらの大部分が空しいファンタジーの典型、乱暴な神秘的夢想の典型と見なされることに驚くにはおよびません。しかし、きょうの考察によって、このような概念の基盤を可能なかぎりはっきりと示す必要があることが納得できるでしょう。

皆さんの多くが、啓蒙的な活動によって知られる人物の名をご存じでしょう。その人物の著作は、ドイツの精神生活において大いに称賛されました。もちろん、私はこの人物が自然科学の領域で達成した偉大な功績を少しも過小評価するつもりはありません。私は現代の自然科学の成果と精神科学の探究の成果とを調和させようとしてきました。さまざまな場所で、人々は「生と死」に関するオーギュスト・フォレル[*1]の講演を聞きました。その講演について語ろうとする人は、精神科学が述べることを根本的に誤解することがあります。そのような人には、フォレルの講演を徹底的に研究することを勧めます。

精神科学の立場からそのような現象に取り組むときの視点は、『ルツィフェル‐グノーシス』[*2]誌に述べてあります。そこには、精神科学と自然科学の関係について多くのことが書かれています。その調和的な関係を解明し、自然科学の土台の上に構築される精神科学によって高次の洞察へと導くのが『ルツィフェル - グノーシス』三五号のテーマです。

「生と死」についてのフォレルの講演全体が、きょうの私の講演のテーマとなる概念を根本的に拒否しています。

＊1　オーギュスト・フォレル　Auguste Forel（一八四八〜一九三一年）　スイスの精神科医。
＊2　『ルツィフェル - グノーシス』　シュタイナーが編集した神智学誌。一九〇三年から一九〇八年にかけて発行された。三五号には「神智学運動の重要問題」「誤った科学の先入観」が載っている。

フォレルの意見

最初に注意したいのは、純粋に自然科学的な事実から世界観を構築しようとする人は、つぎのような考えにいたるということです。

「自然科学は人類に大きな進歩をもたらした。自然科学は星々の彼方まで解明することができる。自然科学は、少なくともある程度まで、生物の細胞の小さな部分を洞察できる。自然科学は技術の領域で、空間と時間をある程度征服している。ほとんどすべての大陸に無線電信・電話をできるという、信じられないようなことを自然科学は成し遂げている。太陽・月・星々の成分を自然科学は説明できる。自然科学は空気を液体にすることができる。人間が思考し、感じ、欲するときに脳の個々の部分がどのように共同するかを自然科学は示すことができる。これらの成果は、もちろん或る程度までであるが、驚くに値する」

フォレルは話を続けます。

「自然科学は驚嘆に値する成果にも関わらず、〈天国〉と言われるものをどこにも発見していない。自然科学はどこにも神霊世界を発見していない。人類が空想から夢見た〈天国〉と〈地獄〉を、自然科学は驚くべき成果にも関わらず、発見していない」

そうして、いま多くの人々が復唱する大胆な結論が引き出されます。

「自然科学が発見しなかったのだから、これらの概念すべてを捨てねばならない。まったく真実ではありえないものについて、人々は長いあいだ夢見てきた。人間には不死の核があり、それが死後も存続する、と夢中になっていた。自然科学は人間の核を見事に解明する」

そして感情を吐露するように、「人間は個人的・個体的存在にいたるまえには物質的な祖先のなかにのみ生きていたのであり、のちには物質的な子孫のなかにのみ生きるだろうと知るのは素晴らしく偉大なことだ」という考察をしています。物質界がすべてだ、と考えているのです。彼は感情を吐露して、つぎのように語ります。

「人間より上位の存在たちがいる世界、天使の合唱が聞こえる世界があると夢見るよりも、人間が創造したものが物質的な祖先に関連し、物質的な子孫に作用しつづけるほうがずっと素晴らしい」

自然科学的に思考する人間は、ほんのわずかでも天国のような概念と関わる世界観を信奉するのは相応しくない、というのです。

自然科学の宇宙観

この講演は、何年も前に現代の啓蒙運動の指導者が語ったことを思い出させます。その人物は、つぎのように語りました。

「人間は超感覚的な天国、上空にあるものについて語る。地球は宇宙空間を漂う球体である。ほかの天体も同様である。宇宙空間が空＝天国である。心魂は天空のどこかに想定された天国にいる必要はない。私たちは大空のなかにいるのだから」

このような人は、シラーが「天文学者に」のなかで深い感受から語った言葉をあまり理解しないでしょう。

星雲と太陽について、そんなにしゃべらないでくれ。
自然は君たちに数値を示すから偉大だというのか。
君たちの対象は、もちろん空間中で最も崇高なものだ。
しかし、友よ、崇高なものは空間のなかに住んではいないのだ。

私の講演を心魂に受け取った人には、啓蒙的な人々の発言の基盤に深い誤解があることが明らかになるでしょう。その深い誤解を、つぎのように表現できるでしょう。「これらの人々が迷信・夢想・空想と言うものについて精神科学が語っているなら、それらの人々が正しいだろう。しかし、現代の精神科学は誕生したばかりであり、精神科学の内容は人類の大部分にまだ伝わっていない。なによりも、いま挙げた啓蒙家たちに伝わっていない。彼らが超感覚的世界について思い描いているのは、彼らの空想・夢想の流出にすぎない。彼らは自分自身の夢想・空想と戦っているのだ。彼らは、本物の精神科学が語っていることを何も知らない」

啓蒙家たちが今日おこなっている戦いの大部分は、ドン・キホーテのように、巨人だと思い込んだ風車に対する戦いなのです。彼らが発する言葉は、彼ら自身の妄想の産物との戦いなのです。彼らが言っていることは、精神科学の内容とは何の関係もありません。

ヘッケル[*1]が築いた自然科学の基礎を私がいかに高く評価したか、皆さんはご存じです。しかし彼が、自分の作った天国と地獄の表象を拒否するために持ち出すものは、虚弱な論理に基づいています。その虚弱さは簡単に証明できます。自由思想的であろうとする多くの人々は、ヘッケルの言うことを聞いて気持ちよく感じます。

「昔の信者は空を指して〝あそこに神が住んでいる〟と言う。そのように言う者は、地球が回転するにつれて上方が移動する、ということを知らない。地球が回転すると、上は下になる」

そのとおりだ、と思われます。しかし、もう少し論理的に考えていくと、地球が回転したら頭は上ではなく下になる、と主張しているのと同じだということが分かります。彼らは、物質的なものに対する神霊的なものではなく、空間中の事物を云々するという誤謬に陥っています。このことを繰り返し述べねばなりません。きょうの考察の対象は非常に重要なものだからです。

＊1　ヘッケル　Ernst Haeckel（一八三四～一九一九年）ドイツの生物学者。進化論を基盤として、一元論的に自然界を説明しようとした。『シュタイナー輪廻転生譚』参照。

受胎・誕生

精神科学から流れ出る信念に貫かれて、成長する子どもから発展するものに向き合うと、「子どもの身体が大きくなり、変化していくとき、超感覚的世界から出てこの世で存在していくものが表に現われる」という明らかな認識へと私たちの感受は高まります。「受胎・誕生をとおして地上で存在しはじめる人間の存在の核は、すでに受胎前・誕生前から存在している。私たちが物質的身体のなかに見るのは、超感覚的な精神的存在の核である」という、確実な精神科学的表象にいたります。

「受胎と誕生をとおして物質的に存在しはじめるものは何処にあるのか」という問いに、私たちはいたります。思考を続けると、「人間が物質的に存在するのは初めてではない。人間は輪廻転生してきた。すなわち、地球進化の経過のなかで、人間は繰り返し物質界に下ってくる」ということを承認するにいたります。そして、「人間が人生において体験するもの、思考・感情・享受・愛・快感・意志・行為において体験するものは死滅せず、その果実は残る。来世が前世の果実を受け取る」という思想を私たちは承認します。子どもが素質・能力・行為を表に出すとき、前世の成果が私たちに示されているのです。人間はこれまでに多くの存在段階を上ってきています。前世で体験したものが萌芽に変わり、ついで実を結びます。こうして、新しい人生は前世よりも完全なものになります。

これは本質的に上昇の歩みです。人間は受胎と誕生によって物質界に下り、死ぬと物質的身体を捨てるのであって、死と再誕のあいだの時期には超感覚的な霊的世界にいる、と精神科学は言います。

先回の講演で、私は「地獄」という、超感覚的な霊的世界の一部を語りました。きょうは、超感覚的な神霊世界の大部分を、「天国」という概念で語らねばなりません。精神科学においては、天国は遠い彼方にあると夢想されるものではありません。天国は、私たちがいるところに存在するものです。

さて、「天国は人間の肉眼には映らない。大きな成果を挙げている物質的な科学は楽園・天国を発見していない。天国、超感覚的存在と私たちが言うものは、どのようにして私たちのいるところに存在できるのか」という問いに答えねばなりません。

超感覚的観照

本当に誰もが超感覚的世界・天国を完全に観照できるようになる、としばしば言われます。『いかにして高次世界の認識に到達するか』[*1]のなかに、人間が超感覚的世界に上昇するための方法が示唆されています。何が大事かを、手短かにお話ししましょう。私たちの周囲の感覚的・物質的世界を知覚するとはどういうことか、はっきりと知る必要があります。

みごとに進化した人間の耳は、ゲーテに言わせれば「どうでもいい」器官から形成されました。動物の原初的な器官を見て、その不完全な耳にとって音の世界、ハーモニー、メロディーの世界、音と響きの世界はどのようなものであるか、考えてみてください。人間の器官が今日のような完成度にまで精妙に形成され、周囲の音に親しめるようになるためには何が必要だったか、考えてみてください。耳以外の器官も、そのように考察できます。

目を見てみましょう。進化した目は、光と色彩が輝く世界を見ることができます。その素晴らしい世界を、大部分の人間が知覚します。感覚器官が知覚できる範囲のものが、私たちにとって周囲に存在するのです。もし人間の器官がもっと不完全な段階にあったら——人間の聴覚が不完全な段階にあったら——そのような不完全な聴覚の人間にとって音響・ハーモニー・メロディーの世界はどのようなものでしょう。

人間が知覚できない世界は「彼岸」の世界なのです。この彼岸と感覚的人間との関係のごとく、精神世界と通常のいとなみの世界とが関係しています。不完全な感覚器官が完全なものへと進化して、新しい領域を知覚できるようになりました。同様に、今日の人間も進化可能です。今日の人間の能力を高次の段階に高めるための方法が詳細に述べられています。

フォレルが拒否したようなものを、だれも「天国」と名付けようとは思いつきません。精神科学は、「人間が今は自分のなかにまどろんでいる能力を発展させる無欲なエネルギー・持続力を持っていると、精神世界を知覚できる」と言います。精神世界というのは、各人の内面に存在するものです。耳によって音の世界が知覚されるように、人間が霊的な器官を形成すると、彼岸の世界を周囲に知覚できるようになります。

＊1 『いかにして高次世界の認識に到達するか』 Wie erlangt man Erkenntnisse der höheren

Welten? シュタイナーが一九〇四〜〇五年に『ルツィフェル・グノーシス』一三〜二八号に連載した修行論。邦訳、イザラ書房、筑摩書房、柏書房、榛書房。

瞑想

しかし、ここで述べられている進化は物質的感覚を形成するための進化に似たものだ、と思ってはなりません。それは誤解です。精神科学者はよく「第六感はどのように形成されるのか」と訊かれます。人々は、第六感が目のように人体から成長する、と思い描きます。高次感覚、超感覚的な感覚は、そのようなものではありません。高次感覚は物質的な感覚とはまったく異なったものです。

高次感覚と物質的感覚の違いを簡単に述べてみましょう。人間が超感覚的世界に上昇する方法は、外的な騒々しいものではなく、内的で内密なものです。精神世界を見るために人間が修了する必要のあるものは、静かに繊細に進行していきます。高次のものへの進化を可能にするのは心魂の根本的な三つの力、思考・感情・意志の力です。「生きている間に超感覚的世界・天国の住人になるために思考・感情・意志をどうすべきか」と問うなら、「精妙で緻密な精神作業が必要だ」と答えなくてはなりません。『ルツィフエル・グノーシス』一三号から、いかに人間は自らの思考世界・感情世界・意志世界を洗練・育成することによって超感覚的世界のなかへと成長するかが書かれています。

今日の状況で、朝早くから夜まで、つまり起きてから意識が漠然とした暗闇に沈むまで、私たちの心魂を通過していくものをすべて思い出しましょう。そして、現代の中欧ではなく、百年前にどこか他の場所で生きていた、と考えてみましょう。そうすると、朝から晩まで人間の心魂を流れていくのは絶えず変化する外界の姿であることに気づきます。

そのように人間の心魂を流れていくもの、時代と場所に由来するものすべてを取り去り、場所・時間に結び付く思考内容すべてを心魂から遠ざけると、あとに何が残るでしょうか。そのように心魂を貫いて流れ、場所と時間によって規定される思考・感情・意志行為のすべて、日常生活において外から人間に流れてくるもののすべては、高次の精神的進化、超感覚的世界の体験に適さないものです。

いま人間がいる場での生活に反対しているのではありません。人間は日常生活で心魂のなかに入ってくるものを一定時間越え出るための時間を見出さねばなりません。人間は五分間だけでも、場所と時間に依拠しない、永遠の思考と感情に沈潜しなければなりません。そのような思考内容・感情があるのです。高次の精神生活への修行を行なう者は、そのような思考・感情を発展させます。そのような永遠の思考内容を心魂のなかに繰り返し生かし、作用させると、その思考内容は、人間の心魂のなかにまどろんでいる能力を目覚めさせる有効な力になります。

思想

厳密に定められた方法によって永遠という思考内容に没頭し、永遠という思考内容をもって丁寧に生きることができると、人間に大きな変化が生じます。まず、私たちの思考生活に目を向けてみましょう。今日の人間の思考内容は、どのような性質を持っているでしょうか。人間には、思考内容と親密に生きるという性質があります。私たちの心魂のなかで、自分の思考内容以上に親密なものがあるでしょうか。私たちにとって、自分の思考内容と表象よりも密接なものがあるでしょうか。

思考内容は、心魂のなかに棲む最も親密なものです。しかし、私たちが物質的に存在するこの世において、思考内容は最も無効なものです。思考内容はまったく内的な存在にとどまります。

しかし、人間は少なくともわずかの時間、永遠について考えはじめると、以前は夢想だにしなかったものを経験します。思考において、物質界とは別の世界を知るのです。物質界において思考内容は最も親密であると同時に最も無効で不活発なものですが、私たちは物質的な生活において体験する永遠という思考内容をとおして、思考内容自体が創造的になる世界へと導かれます。これが本質的なこと、大事なことです。そのとき、別の世界が人間のまわりで生きはじめます。

人間は自分の経験から、「物質界を見ると、光が見える。太陽から光が注いでいる。植物は光を取り去られると色褪せて枯れる。光が植物に創造的に作用している」ということを知っています。感覚的な事物が現実であるように、修練をとおして超感覚的世界に参入する者にとって、思考は宇宙空間を流れる現実的な力になります。内面では内密で無効な思考内容が、修行をとおして、宇宙空間を創造的に流れるもの、日光よりもずっと現実的なものになります。その現実的な思考の光が人間の心魂のなかに流れ込むと、物質的な植物が日光に照らされるように、心魂が創造的な力によって活気づけられるのに気づきます。耳が形成されていない者は、音を知覚しません。同様に、私たちの周囲にある空間には、人間が十分な能力を持たないあいだは知覚できない現実が満ちている、ということを私たちは学びます。

行

超感覚的な修行においては、日常生活の感情とは別様に超感覚的世界で形成される感情も体験します。通常の生活で、人間は自分の注意をある対象に向けます。その対象が気に入ります。快い感情が人間のなかに湧き起こります。外的な対象によって、快い感情が生じます。美しい外界の印象によって、気分が高まります。外界で醜いものに向き合うと、嫌悪感に満たされます。このように、人間の心魂のなかにさまざまな感情が現われたり消えたりします。精神科学は人間を本物、真実なもの、現実的なものに深く導きます。

超感覚的世界を知覚するための内的感覚を目覚めさせようとするなら、外から刺激されるのではない感情を体験できねばなりません。外的な感受なしに人間のなかで満ち引きする感情世界に精通するための方法があります。一定の感情を自分のなかで発展させることを学ぶと、その感情の刺激が、まどろんでいる能力を目覚めさせる力として作用します。

秘儀参入者が見ることのできるもの、つまり「光の世界は霊的なものにも物質的なものにも創造的に作用する。光の世界には、物質的な光のように、霊的領域においてもさまざまな色彩のニュアンスがある」ということを、人間は経験から知ります。霊的な色彩が生きる世界、アストラル界と呼ばれる世界があるということを、人間は知ります。

感覚界で外的なものによって刺激されるのではない特別な感情を――外から衝動が来ることなしに――純粋に精神的な体験をとおして自分のなかで次第に形成していくと、人間のなかにまどろんでいる能力と力が目覚めます。愛の感情、純粋に内的な体験を目覚めさせることのできる人は、精神世界との結び付きを獲得します。

そうすると、いままで述べてきた要素に、べつの世界が加わります。色彩のほかに、べつの世界が現われてきます。物質的な対象によって生じる愛は、決して霊的なものに導きません。対象が精神的なものであるときにも満たされる愛、深い内的体験にとどまる愛が、霊的空間を通っていく高次の要素を創造する力なのです。この愛が本当の愛です。

その前段階を、芸術家は創造において感じます。芸術家は精神的な作品を自分の心魂から作り上げるとき、そのような愛を持ちます。以前は沈黙していた光と色彩の流れる霊的空間を、愛は音響の世界に変化させます。その世界が霊的な音で私たちに語りかけます。

自然的事象のなかに存在するものが継続していくように、人間が段階的に別世界へと上昇していくのが分かります。どうでもよい耳小胞から耳が現われて、無音の世界から物質的音響世界が出現したように、茫漠としたものから今述べた世界が現われてきます。

この講演の最初に述べたように、ドン・キホーテのごとく風車に対して戦う者は、この経験可能な世界について語りません。天国はどこにもないと言う人は、天国は他のところに探さねばならない、ということを知らないのです。天国は、私たちがいるところにあるからです。

「知覚できないものは存在しない。私に知覚できないものが存在すると主張する人は愚か者、夢想家、嘘つきだ」という主張に与しないことが大事です。そのような主張は論理的に不正です。だれも、自分の知覚の限界が存在自体の限界だ、と主張すべきではないからです。そうでなかったら、聾者は音の世界、ハーモニーとメロディーの世界を夢想・空想と言い張ることができるでしょう。

精神科学において天国について語られるときは、いま述べたような形で語られます。

本物の精神科学では、そのように天国について語られます。諸宗教の原典においても、天国について人々がまだ理解していたころは、同様に語られました。聾者にとっての音の世界のような、不可視の世界がこの可視の世界のなかに存在するのです。

物質界の背後にあるもの

さて、「なぜ人間は現在の進化時点では超感覚的世界を知覚しないのか」と問いましょう。必然的なものとして人類進化のなかに入ってきた感覚的知覚が、ヴェールのように超感覚的世界を覆っているので、知覚できないのです。超感覚的世界にいたろうと努める者は、感覚界から抜け出て、感覚界をしばらくのあいだ沈黙させねばなりません。そうすると、感覚界の背後に存在するものにいたり、感覚界が超感覚的世界の上に覆いのように広がっているのを知覚します。本当に自分の身体を超越した人は、ヴェールの背後にあるものを知覚できます。

通常の人生においては何に力が用いられるか、その力が超感覚的世界に歩み入る能力になるかどうか、私たちは知らねばなりません。そのためには、「物質界とは何か。不完全な物質的身体とは何か。完全な物質的身体・人体とは何か」ということに注目しなければなりません。

被造物はすべて物質的存在です。霊の創造物です。霊的なものが物質すべての根底にあります。水から氷が固まるように、霊的なものから物質すべてが固まりました。霊的なものが凝固したのです。

現代人の耳の物質的形態を考察しましょう。物質的な耳の形態の基盤には何があるでしょう。私たちの周囲に響く物質的な音が基盤にあるのです。音は物質界に属していますが、その背後に霊的な音があります。この世では、私たちは耳に流れてくる物質的な音を聞きます。おなじ世界のなかに超感覚的な音、霊的な音も生きています。霊的な音とは何でしょう。霊的な音とは、私たちの耳を創造したものです。

物質的な光のなかに隠れた霊的な光が私たちの目を創造したのと同じです。ですから、深い霊的真理を多く語ったゲーテは、「目は光によって、光のために作られた」と言いました。太陽から私たちに流れてくる力、私たちの目が光に満ちた空間のなかで対象物を見ることができるようにした力を、見事な目を作った存在たちは有しているのです。

物質的な目で見て、物質的な耳で聞くことには、その背後にあるものに進入し、霊的な諸力へと高まるのとほぼ同じ意味があります。子どもが次第に能力を物質的人体のなかで形成するのを見るとき、私たちはすでにそのようにしています。その能力が感覚界の背後に隠れた世界から到来するのを私たちは見ます。その能力が物体のなかに放たれ、物体のなかで一つの存在の局面を作るのを私たちは見ます。

物質界と精神界

精神科学の観点から、「人間は、受胎・誕生をとおして物質的存在にいたる前はどこにいたのか。前世で死んでから生まれるまで、どこにいたのか」を問いましょう。夢想的な霊界ではなく、私たちが今いるのと同じ世界にいたのです。

受胎・誕生をとおして物質的に存在するようになる前と、その後との相違は、つぎのようなものです。誕生前、この存在は、私たちに霊的な能力が形成されたときにのみ見ることのできる要素からできています。私たちに超感覚的能力が形成されないあいだは、この存在は不可視です。水は液体であるあいだは誰にも見えませんが、凍ると見えます。同様に、人間は水のようなあいだは見えず、氷のように物質的になると見えます。

このように、私たちは人間の二つの状態について語ります。一つは死と再誕のあいだの状態で、霊的な感覚によってのみ見えます。もう一つは、まわりに衣を織られたような状態で、物質的な感覚に映ります。死と再誕のあいだの人間は、創造的な力と結び付いていています。その力は空間を流れます。超感覚的な能力を発展させる者は、すでに地上で、その力が天国の力であると知ります。

物質界で人間は、物質的な力、物質的な音、物質的な光とともに生きています。精神世界では、人間は音の背後や光の背後に霊的・創造的に存在しているものとともに生きます。物質界とは異なる世界のなかに生きます。物質界では、目は光をとおしてものを見ます。精神世界では、人間は目を創造したものを知覚します。霊的な光のなか、霊的な音響世界のなかに生きます。受胎と誕生をとおして物質的身体を構築したもののなかに生きます。

外界が覆いのように精神世界の上に広がっているところで、人間は創造的・宇宙的な存在と生きます。その覆いが精神世界のなかに流れ込みます。身体を脱した人間は、受肉した人間とは別の意識状態で生き、創造的な力を知覚します。

こうして、「人間は死とともに超感覚的世界に受け入れられる」という言葉が何を意味するのか、私たちは理解します。それは夢想の世界ではありません。この世よりも現実性が少ない世界ではありません。この世よりも濃厚で強力な現実です。その世界のなかに、物質界を創造する存在たちがいるからです。こうして、私たちは死と再誕のあいだの作用を理解します。

天上の至福

先回、遅滞する力について話したとき、死の扉を通過した人間のまえに生涯全体の記憶像が現われることを、私たちは知りました。その画像はエッセンスのようなものとして受け取られ、それ以降もずっと人間と結び付きます。

それから、人間は欲界の時期を通過していき、そこで一種の浄化を体験します。浄化を終えると、人生から得たものが格別のもの、新しいものになります。人間は死の扉を通っていくと、精神世界・超感覚的世界に入っていきます。

精神世界を豊かな畑のように考え、人間が人生から得た思考・感情・意志の成果、人生の成果を植物の胚芽のように考えてみましょう。胚芽を土壌に植えると、芽生えます。そのように、人生の成果が霊的な土壌のなかで芽生えます。人生から得られた胚芽が芽生え、伸び、発達していくのを、人間の意識は知ります。人間が人生から得たものは、すべて人生の果実のなかに染み込みます。外から人間に到来したものは拡張して、芽のようにほころびます。それが死と再誕のあいだの知覚世界・意識世界になります。超感覚的に知覚する能力を持たない者には、心魂を貫くものを比喩によって示せるだけです。熟考すると、みなさんは比喩を理解できるでしょう。

過ぎ去った人生の芽が開くときに人間が感じるのは至福だ、と言うことができます。それは人間が対象物を感じるときとは反対の感情です。本質が現われ出て、人生の芽が生長するとき、卵を孵す鶏が抱く感情に似た感情が人間を貫きます。生命を産み出す至福、芽が開く至福です。

この至福に導かれて、自分を物質的な誕生へともたらすもの、自分を物質的存在にするものを人間は準備します。自分の存在の核に刻印する新しい経験を集めていくので、各々の人生は完全なものになっていきます。ただし彷徨する途上は例外です。

人間の結び付き

人間の意識が超感覚的世界では別のものになる、ということを明らかにしなければなりません。比喩を用いて、物質界の意識状態と超感覚的世界の意識状態の相違を明らかにできます。

交響曲を聞いている人間を考えましょう。外からその人に音が響いてきます。彼はその音を楽しみます。楽器を鳴らさずに、精神で交響曲を組み立てることが可能だ、と考えましょう。人間が精神のなかで創造的に音を並べていくことが可能だ、と考えてみましょう。実際の演奏ではなく、そのように精神のなかで楽音を知覚することが、超感覚的世界における知覚と関係します。ですから私たちは、「天国を知覚するためには、物質界で何か霊的なものが自分に現われてくるのを断念しなければならない」と言わねばなりません。断念しないかぎり、見ることはできません。

しかし、精神世界は論理的思考が到達できない世界ではありません。異議を唱える人がいるのは、その人が精神世界を知覚できないからにすぎません。

こうして、「天国」という概念は、未来の人間にとって再び意味を持ちます。天国は夢想の世界ではありません。創造的な領域における意識は、物質界における意識よりもずっと明るく強力です。ですから、創造的世界における人間の生命と意識は物質界におけるよりも力強い、と考えねばなりません。

物質界は超感覚的世界とどのような関係にあるでしょうか。その関係に人間が関心を抱くのは自然なことです。私は、つぎのように問いたいと思います。

「人間はこの世で愛し、大事にした人々のことを、超感覚的世界で知るのだろうか。この世で生じたことは、なんらかの方法で続くのだろうか」

そうなるのです。明瞭に考え抜くなら、物質界と超感覚的世界のあいだには密接な関係があるということを明らかにすることによって、いま述べたことが正しく理解されます。この世で芽生えたものは、彼岸で開き、果実になります。世界のすべてのなかに、霊的な基盤が存在します。人間はすでに物質界で、超地上的世界のために活動しています。

例をあげましょう。母が子どもを愛している、としましょう。その愛は最初、自然という基盤によって発展します。しかし、この愛は物質的な状況に基づく自然的な愛から、精神的な愛に変わります。自然的な基盤を条件とする愛が精神的な母性愛に変わる分だけ、人間は精神的な愛へと成長します。この愛が、精神的なもののなかで本当の愛になります。

人間から地上的な覆いが抜け落ちるように、霊的存在から物質的・地上的なものが抜け落ちます。人間の魂から魂に結ばれるもの、心から心、精神から精神に営まれるものは、目に見えないかたちで、すでに超感覚的世界に存在しているのです。人間の本質の核である精神は超感覚的世界のなかに生き、人間が地上で結んだ関係はすべて、霊的なものとして精神世界で継続します。地上で精神的に結ばれたものは、すべて完全な意識、もっと明るい意識で、精神世界に存在します。

その繋がりに応じて、新しい人生で絆が結ばれます。共感をもって集まる者たちは、前世で結ばれたものに基づいているのです。

このように、感覚界全体が不可視の超感覚的世界に入り込んでいます。人間は誕生から死までは感覚界の市民であり、死後は超感覚的世界の市民です。そのことを、人間は誕生から死までの時期には知らないだけです。

自然科学

先回は「地獄」の概念を考察し、きょうは「天国」の概念を考察しました。先回は、硬化に導く力を扱いました。きょう述べたことは、その反対と思われる「進化原則」です。

人は生まれ変わっていきます。前世から創造的諸力が移されてくる分だけ、つぎの人生は高まります。自分のなかに受け取るものを享受するだけでなく、自分が享受するものをとおして霊的諸力へと変化するものに突き進むと、人間は絶えず天国のなかにいます。人間を前進させることのできるものすべてが天国の内容であり、進歩を妨害するものすべてが地獄の内容です。

そのような天国の概念を、自然科学と調和させることができます。完全に調和させることができます。ただ、現代人には高次世界のなかに生きようとする傾向が多くないのです。

現代人は超感覚的世界の考察に飽きており、そのため、「私が知覚できないものは本当ではない。それが本当だと主張する者は愚か者だ」と言う人々をすぐ信用します。現代では、そのような発言を信じる人がたくさんいます。

現代は物質的な科学に関して大きく進歩しましたが、別面では、超感覚的世界を究明する傾向が現代人には非常に少ないのを私たちは見ます。人間は超感覚的世界を研究すると感覚界において虚弱、感覚界に対して疎遠になる、と人々は思っています。それは偏見です。

鉄を手にして、「この鉄のなかには磁力がある。これで別の鉄を擦ると、その鉄も磁石になる」と誰かが言うと、ほかの人は「この鉄片で釘を打てる」と言うかもしれません。釘を打つために磁石を使うような形で、感覚的なもの・実用的なものを用いるのは空想家です。リアリスト、一元論者、功利主義者などは本当に空想家です。彼らは物質界の力しか知らず、物質界の力を発掘することによって大きな進歩が成し遂げられると、勝ち誇ります。

精神科学は物質界に反対するものではありません。しかし、物質のなかに精神的なものが隠されていることを人間がふたたび学ぶときが来ているということも、精神科学は知っています。人間は精神世界に目を閉じると夢想的になる、ということも知っています。

今日、本当の現実主義者は、精神的な力を示唆する人です。本当の現実主義者たちは何を欲しているでしょう。彼らは、感覚的な力の背後にまどろんでいる本当の力をこの世界に導入しようとします。彼らはその力を、私たちの進化全体に順応させようとします。電信や電話や鉄道、つまり通常の諸力だけでなく、精神的な力も導入しようとします。

このようなことに立ち入る者は、今日でも嘲笑されます。自然科学にも、かつてはわずかの信奉者しかいませんでした。同様に、精神世界について語る者も、やがては広い世間への道を見出すにちがいありません。電信・電話・機関車を作れたのは少数の人々でしたが、それらを他の人々が利用しています。しかし、精神世界には各人が自分で到達しなければなりません。

エントロピー

偉大な物理学者、トムソン[*1]やクラウジウス[*2]には、物理法則を認識できる後継者がいます。偉大な物理法則は、人間を精神世界に向かわせるものでもあります。少しでも物理学に取り組んだことのある人は、エントロピーの法則をご存じでしょう。この法則は、フランス大統領の伯父カルノー[*3]に由来します。どういう法則でしょうか。

物質界にある最も確かな法則の一つ、すなわち、力が物質において変化するという法則です。物質の力が変化する、つまり、ある力が別の力に移行するという法則です。手で机を叩き、机の上の作用を精巧な温度計で測定します。そうすると、叩いた場所が熱くなったのが分かります。機関車の熱が前進の力に変化し、その力が再び熱に変化するのが分かります。これらの根底には、エントロピーの法則が存在します。

世界を考察すると、力の変化は一定の方向・意味を示していることが明らかになります。エントロピーの法則は、あらゆる力が最終的には熱に変化し、その熱が宇宙空間のなかで拡散するにちがいない、ということを私たちに示します。このように、地球、私たちの物質界がかつて熱力学的死を体験したということが、物質法則によって証明されます。

私たちの世界には物質的な力しかないと考える人は、この法則を否定するにちがいありません。そのような人は、「この法則を承認すると、すべてが駄目になる」と言うにちがいありません。ですからヘッケルも、エントロピーの法則は物質法則に矛盾するので無意味だ、という立場を取りました。「事物は絶えず変化する」というのが自然法則です。

ロシアの物理学者が、現在の宇宙状態の物理的終焉を示す、この法則がいかに確固としたものかを証明する論文を書きました。クヴォルソン（コフォルソン）[*4]教授の論文のなかに「第一二規則」が述べられています。それを読むと、いかに物理学者が物質領域について有能であるかが分かります。そして、彼がヘーゲルについて述べていることから、そのような学者が精神的な領域に関しては無知であることが分かります。

「第一二規則」は「自分の理解していないことについて書いてはいけない」です。クヴォルソンは物理学について語っているときは、その規則に従っています。しかし、精神的領域に関しては、その法則に従っていません。物理に関して彼が述べていることは見事です。しかし、彼が精神的なことがらについて語っていることは無価値であり、「自分の理解していないことについて書いてはいけない」という規則に背いています。

＊1　トムソン　William Thomson（一八二四〜一九〇七年）　イギリスの物理学者。

＊2　クラウジウス　Rudolf Julius Emmanuel Clausius（一八二二〜八八年）　ドイツの物理学者。カルノーの定理を拡張したクラジウスの定理を熱力学第二法則とし、のちにエントロピー概念を導入した。

＊3　カルノー　Nicolas Leonard Sadi Carnot（一七九六〜一八三二年）　フランスの物理学者。著書に『火の動力についての考察』。

＊4　クヴォルソン（コフォルソン）　Orest Danilowitsch Chwolson（一八五二〜一九三四年）　ロシアの物理学者。著書に『ヘーゲル、ヘッケル、コシュートと第一二規則』。

精神科学の課題

物質が化学的に結合すると、その重量は諸部分の合計に等しいということが何を意味するか、精神探究者は知っています。「この法則は、全体は部分の合計に等しい、という古い数学法則と同じである」と言うと、全体の重量は部分の重量の合計に等しいという法則だということが明らかになります。コシュート[*1]は、精神的な領域においては、その法則はもはや通用しない、ということを忘れています。クヴォルソンは、「コシュート氏が懐中時計を取り出して、それを臼で壊せばよい。そうしたら、全体が部分の合計と等しいか、分かる」と言います。ゲーテは、この考えについて、しばしば語りました。

生きたものを認識し、記述しようとする者は、
まず精神を外に放り出そうとする。
そして、個々の部分を手にする。
残念ながら、そこには精神的な結合が欠けている。[*2]

精神的な結合を自然科学はしばしば顧慮していないということを、確かな事実の土台に立っていると思う学者たちはほとんど知りません。

事態全体を見渡して、それを私たちが超感覚的世界について考察したことと関連させると、多くの人間の心魂のなかに超感覚的世界に参入したいという憧れが生きているこ

とが分かります。ただ人々は、これらのことについて本当に知っている者が語る個々のことがらを疑わしく思います。いま、超感覚的世界への憧憬が呼び起こされています。しかし、精神科学の教示に従って超感覚的世界に入り込む力とエネルギーは世間に見当たりません。

他面では、典型的な物理的な科学が現代にはあります。トムソン、クラウジウス、カルノーの後継者は大勢います。同じ精神で精神科学が前進すれば、精神的な領域の探究においても後継者が出てくるでしょう。そうなれば、天国・超感覚的世界からほとんど閉ざされた今の人類から、星々の力を超感覚的世界から感覚界に引き入れる人々が現われるでしょう。

精神科学は人々を世間知らずにすべきではありません。精神科学は現実を豊かにすることによって、人間を力強く、精力的・活動的にします。人間は精神世界についての知識を伝えられることによって、現実から疎遠になるのではなく、現実に関して豊かになります。

二つのものを結び合わせる必要があります。いまの自然科学と同様の厳密な方法で、人間の心の要求を精神世界から満たすのです。自然科学によって感覚的な要求を満たし、心の憧憬を精神的なもので満たす、というふうに二つの精神の流れを結び付けるのが精神科学の文化的課題です。

深い宗教的要求を満足させる叡智が出現するでしょう。論理的思考も超感覚的な生命への憧憬も満たす精神的な流れが現われるでしょう。その憧憬に精神科学は向き合います。この予感のなかに存在するものにいたる道が見出されると、超感覚的世界に導く叡智が人間の心魂の上を流れていき、文化は精神的に再生するでしょう。文化は多くの人々のなかに生きている火に結び付いて、超感覚的世界に向かおうとするでしょう。精神科学的な叡智は、この火から超感覚的世界に突き進むでしょう。それが精神科学の理想です。

＊1　コシュート　Lajos Kossuth（一八〇二～九四年）　ハンガリーの法律家・政治家。

＊2　生きたものを認識し……　ゲーテ『ファウスト』第一部「書斎」の場におけるメフィストフェレスの科白。

心魂の世界

知覚される世界

「神智学的な世界観は直接的な感覚界の作用から発するものではない。空想的・幻想的な領域に導くものだ」と、敵対者はしばしば主張します。そのような主張を、私は退けてきました。しかし特に今日、人間が死と再誕のあいだに通過する世界を取り扱うと、「神智学は空想的・幻想的だ」と言われます。神智学的な世界観の敵対者は、私がこのような領域について述べることを「架空の話だ。まったくの空想だ」と、安易に思いがちです。

それでも、感覚界を越えた世界、超感覚的領域で事物の本質に深いまなざしを向けることのできる者は、本来の存在、あらゆる存在の本来の根拠を認識します。蒸気の本質を知らない人は、蒸気機関を組み立てることができません。同様に、心魂と精神の本質を知らない者が、私たちの感覚器官に映じるものを理解・説明することはできません。物質が存在する原因は超感覚的・超物質的なもののなかにあります。

私たちは高次の領域に上ることができます。私たちはこの世で活動するために、超感覚的な存在を把握しようとします。私たちは超感覚的なものの本質を知って、それを感覚界のなかに持ち込まねばなりません。感覚的に観察すれば、心魂・精神が身体から離れると、人間は死にます。死ののち、新たな受肉に向かう時期の人間の運命については、目も耳も解明できません。

死と再誕のあいだの運命を考察しましょう。そのために、私たちは人間存在の二つの領域に取り組もうと思います。その二つの領域は、太陽や月や地上のあらゆる存在のように、私たちの生命に関連しています。

単に物質的な感覚を備えた人間は、高次の世界について何も知りません。高次の世界のなかに生きてはいるのですが、ある世界のなかに生きていることと、それについて知っているのとは、まったく別のことです。ドイツの哲学者ロッツェ[*1]ならびに詩人・哲学者ハマーリング[*2]は、「人間に目と耳がなかったら、世界は沈黙した闇であったろう」と、繰り返し述べています。私たちが感覚器官を持っていることによってのみ、世界はさまざまな色彩に輝き、さまざまな音で響きます。「私たちは世界を、自分の感覚器官が知覚する分だけ知ることができる」と、言わねばなりません。

＊1　ロッツェ　Rudolph Hermann Lotze　ドイツの哲学者（一八一七－八一年）。自然科学と観念論の世界観を融和させた形而上学を作り、新カント派の先駆者となった。自然の経過を、

神が善を実現する手段と見た。

＊2　ハマーリング　Robert Hamerling オーストリアの詩人（一八三〇－一八九年）。『シュタイナー輪廻転生譚』参照。

心魂世界の現象

最近、興味深い本が出版されました。その本はヘレン・ケラーの心魂のいとなみを物語っています。彼女は一歳半で聾唖で盲目になりながら、視野の広い天才的な心魂の生活を送りました。

色彩に輝き、音の響く世界が、ヘレン・ケラーにはどのように現われるか、思い浮かべてみましょう。また、盲目に生まれついた人が目を手術し、以前は色も光もなかった世界が輝きはじめ、豊かになるのを思い描きましょう。

そうすると、感覚的な観照から霊的な観照へと目覚めた人をイメージできます。暗闇から明るみに出てきたようなものです。

通常の世界の上に、心魂の世界があります。精神の目が開かれた人にとって、その世界は現実です。心魂の世界は、神智学ではアストラル界と呼ばれます。多くの人がアストラル界という表現に反対します。中世的な先入観だ、と思うからです。心魂を見ることのできる人々が、この世界をアストラル界と名付けたことには意味があります。

色や音が物質的な感覚に知覚されるのと同じく、アストラル界においては、欲望・本能・情熱・衝動・願望・感情が現実のものとして現われてきます。人間は自分が見るもの、聞くものを消化します。人間は願望・情熱を持ち、感情を持っています。人間は、物質界に生きているように、情熱・衝動・欲望・感情・願望の世界のなかにも生きています。

他者に向かい合うと、肉眼はその人の物質的特徴を見ます。同様に、精神の目が開かれると、心魂的な特性が見えることになります。物質的な感覚が、電気と光、光と熱を区別できるように、心魂の目が開かれると、他者の心魂のなかにある衝動・欲望、愛・帰依の感情、宗教的敬虔の感情を区別できます。熱と光が異なっているように、愛と宗教的敬虔は心魂の世界では異なっています。心魂の目には、これらの特性が色彩現象のように映ります。その色彩が星《アストラ》のように響くので、アストラル界と名付けられたのです。

心魂の成熟度

ここで私は、秘教的な表象のいくつかを挿入しなくてはなりません。それらの表象によって、私たちは超感覚的なものを理解できます。そのような表象は、精神的・心魂的な感覚器官が開かれた人にのみ現われます。なにも隠されてはいません。願望・欲望・情熱は、心魂の器官の開かれていない人にとってのみ隠されています。私たちは心魂の器官によって、心魂界の特性を認識できます。

個人個人に人相があるように、各人に心魂の人相があります。どの人間も、物質的身体を有しているように、心魂的な光に輝く身体を有しています。その身体は物質的身体よりも大きなものです。その身体は光の雲のように、物質的身体を包んでいます。

その光の雲は、さまざまな色彩に輝き、また、ほのかに光ります。思考と理念に関係する特性は輝きます。その他は、かすかに光るだけです。通常の目には見えない、この光の雲、人間のオーラが、透視者には見えます。

オーラは、私が述べた心魂的な特性すべてを含んでいます。感覚的なものへの傾向・執着、感覚的なものへの欲望と、無私の献身、愛の感情、宗教的敬虔の感情とのあいだには、はっきりと区別があります。低次の本能に由来する感情、物質的生活に関連する感情がオーラを貫くと、稲妻その他さまざまな形で、血のような赤、赤みがかった橙色、赤みがかった黄色が心魂のなかを流れます。反対に、高貴な感情、高貴な情熱、感激・敬虔・愛に関連するものは、非常に美しく輝く緑がかった青、青みがかった菫色、菫色がかった赤色で、人間のオーラのなかに現われます。

このように、人間の心魂は一方では物質的なものに向かい、物質的なものを欲し、物質的なものにしがみつきます。他方、それとは対極的に、人間の心魂は高貴さへと高まり、高貴さに貫かれて燃え立ちます。心魂のいとなみは、この二つの特性に分けられます。緑・青・菫色のオーラのなかに生きる人は、何度も輪廻転生して、この高貴な特性を獲得してきたのです。

はじめ、心魂は低次の特性・衝動・情熱・本能を備えています。それらが心魂には必要でした。神秘哲学で「感覚への欲求」と呼ばれるものを持たなかったら、心魂は感覚界で行動できなかったでしょう。人間は感覚界で活動します。財産を手に入れ、感覚界の物質的身体によって、生活に役立つ道具を作ります。それは、人間が感覚的な生活への欲望を持っているからです。人間が輪廻を開始したころ、この欲求はまだ未発達な心魂を駆り立てる唯一の原則でした。この欲求によって、若い心魂は活動したのです。輪廻転生していくうちに、心魂は単に欲望からではなく、認識・献身・愛から働くようになっていきました。

このように心魂は、いくつもの人生をとおして、欲求から愛へと進歩していきます。「欲求から愛へ」というのが、心魂がたどる道です。欲求する心魂は、身体的・感覚的なものに固着します。愛する心魂は、精神に浸透され、精神に従い、精神の命令を果たします。これが、心魂の年輪による相違です。若い心魂は欲望し、成熟した心魂は愛します。愛するというのは、自分のなかで精神を活動させることです。

心魂界つまりアストラル界で、人間の心魂体[*1]がさまざまな特性に輝くのを、私たちは見ます。そうして私たちは、心魂の成熟度を区別できます。心魂体の特性は、感覚的なものへの没頭、あるいは精神への帰依に由来します。その特性を、私たちは観察します。

＊1　心魂体　アストラル体のこと。『シュタイナー用語辞典』参照。

死

「死ぬ」とはどういうことか、理解しましょう。いま獲得した概念によって、死という概念・表象を理解しようと試みましょう。人間が死ぬと、最初に何が生じるでしょうか。生前に物質的身体のなかで心魂の法則に従ったものが、身体の死後、独自の道を行きます。

生前、心魂に波打つ感情にしたがって、手は動きました。心魂のなかの精神的特性に促されて、目は世界を見ました。心魂が与えた形態にしたがって、顔の表情が変わりました。死後の人体は物質的な力と化学的な力から組成されています。そのために、心魂的な衝動に従わず、世界の物理的な力に従います。身体は外的な物質界に属します。物質的身体のみに目を向ける人には、以前は身体を支配した心魂・精神が消え去ったのかどうか、分かりません。いまや心魂・精神は、透視的なまなざしにのみ映ります。

人間はこの人生において、高次の領域を見るための目を開くことができます。死後の精神の運命は、超感覚的な観点からのみ理解されます。自然科学だけに関わっている人は、精神的なものを取り扱うことができません。生前、人間は生理的・化学的な力を有していました。死後は、その力を支配できません。死者の「体」は心魂体のみです。人間のなかに生きる願望・欲望・情熱・愛・感激・敬虔は物質的・化学的な法則に結び付いていません。これらは人間の内面に生きています。

心魂は生前に存在したように、死後も存在します。ただ死後は、身体に混ざらずに存在します。人間は地上生活のあいだ、精神・心魂・身体から成り立っています。死後は、精神・心魂から成り立っています。そして、物質界で人生を送ったように、死後は高次世界、心魂界・精神界で存在します。人間は心魂界と精神界に滞在し、通過していきます。

欲望の炎

この両世界を、もっと詳しく考察しましょう。物質界と同じく、アストラル界とメンタル界[*1]を考察することができます。熱・電気・磁気など、さまざまな自然の力が物質界にあります。同様に、アストラル界・メンタル界にもさまざまな力が存在します。それらは、まったく一定の領域に分類されます。それらの領域を、私たちは知らねばなりません。そうすることによってのみ、私たちは死後の心魂の運命を洞察できるからです。

最も低い心魂的特性の領域は、本来の欲望の世界です。神秘学者は「欲望の炎の世界」と呼びます。心魂が身体的欲望に傾斜することによって、この世界は心魂の内で作られます。物質を切望する心魂の感情が、この欲望の世界のなかで表現されます。欲望の炎は、心魂のいとなみの最も低い形態です。ですから、神秘主義では「欲望の燃える炎」とも呼ばれます。

欲望の炎と関連する心魂の特性を考察すると、身体に宿っているときの生活と身体のない生活との違いを説明できます。身体のなかにある心魂にとって、欲望とは何でしょう。物質的対象・物質的満足を心魂は要求します。心魂から流れ出る欲望の炎は、欲望が満たされると、色を変えます。欲望が満たされると、すぐに流れが変わります。欲望の炎は燃え尽きます。心魂の探究者・観察者には、欲望が満たされると水で炎が消されたように見えます。欲望が満たされて消えるのは、人間が身体を持っているからです。

感覚的な欲望は、感覚によってしか満足されません。美味を欲する口蓋があります。しかし、口蓋がなくなった瞬間、欲望を満足させることは不可能になります。心魂は感情と感覚界に執着しています。欲望が満足させられるのは、心魂が身体と結び付いているあいだだけです。

心魂が身体から離れた瞬間、欲望を満足させることは不可能になります。これが、心魂が欲界で通過する状態です。そこから解放されるためには、欲望が存在しながら、心魂の満足が不可能な状態のことを知らねばなりません。そうすると、心魂は次第に欲望を捨て去ることを学びます。死と再誕のあいだに起こることについて概念を形成しようとするなら、この表象を獲得しなければなりません。さらなる経過は、心魂界と精神界に正確なまなざしを向けるときに知ることになります。

＊1　メンタル界　精神の世界。

心魂世界の諸領域

死と再誕のあいだの運命について述べるまえに、私たちが超感覚的世界のなかで見出す、心魂の特質と経過を正確に知りましょう。最初は、いま話したように、欲望です。二番目は心魂的刺激です。これは直接的な欲望ではありません。刺激は、私たちを取り囲む感覚的なものに関連しています。感覚界の事物への献身の喜びという刺激は、高貴な色で表現されます。その刺激によって、私たちを取り巻く色彩、私たちが体験する形態、私たちが感じる香りへと、感情は高まります。感覚的なものへの献身、物質界における感覚器官をとおしての活動といとなみを、私たちは「心魂的な刺激の力」と呼びます。

心魂のいとなみのさらなる領域は「願望の領域」です。願望とは、心魂が周囲にあるものに対して共感を感じることです。その感情を願望というかたちで、周囲の対象に向けます。もはや心魂は単に感覚をとおして感覚界のなかに生きるのではありません。心魂はこの周囲の世界に面して、自らを愛の感情で満たします。しかし、この愛はまだ利己心・利己主義に満ちています。まだ利己主義に満ちている心魂の愛を、神智学では「心魂的願望の本来の特性」「願望の世界の本来の特性」と呼びます。願望の世界が、心魂の体験の第三の領域です。

第四領域では、もはや心魂は周囲の何かに向かいません。自らの身体のなかに生きているものに、心魂は向かいます。自分の身体の安泰・痛み、快感・不快感に感情が向けられます。感情の内的な波、自己快楽・存在享楽を、私たちは心魂の力の第四領域と見なします。

心魂の力の第五領域は、欲求の世界を越え、共感を通して自らを注ぎ出す心魂の世界です。いままでの領域は、すべて欲求に結び付いていました。心魂は事物を自らに関係づけていました。

いま私たちは、心魂が本質を放射し、周囲の存在に共感を持つことを知ります。この共感に二つの種類があります。まず自然への愛、そして人々への愛に、私たちは関わります。この心魂の力を私たちは心魂の第五領域と見なし、「心魂の光」と呼びます。太陽が物質的な光を放射するように、心魂は世界に共感を抱くとき、光を放射します。心魂は世界を包み込むとき、心魂の愛の光で照らします。これは、物質を知覚する感覚しか持たない人には、幻覚だと思われます。しかし、精神の目と精神の耳を持つ人にとって、これは周囲の机や壁よりも、物質的な炎の光よりも、ずっと現実的なものです。

心魂の第六領域は、神秘学者が「本来の心魂の力」と名付けるものです。心魂は世界における課題に熱中し、愛に満ちて義務に帰依します。この領域の心魂は素晴らしい菫色、青紫色に輝きます。本来の心魂の力は精神の光を形成し、その光が人間の活動の動機と衝動を心魂から取り出します。この種類の心魂は、特に博愛家が発展させます。この感情が、物質界における人間の心魂の偉大な献身的行為に伴います。これが第六領域の体験です。

第七領域、最高の領域で体験されるのは、本来の心魂の精神的生命の力です。心魂はもはや、感情を単なる感覚的なものに関連させません。精神の光を自分のなかに輝き入らせます。心魂は、単なる感覚界において得ることのできるものよりも高い課題に目を向けます。心魂の愛は、精神的な愛へと高まっていきます。そこに、心魂の精神的生命が存在します。スピノザ[*1]は有名な『エチカ』の最後のところで、この精神的な愛について「最高のものが心魂のなかに注ぎ込み、神の輝きとして放射される」と述べています。

＊1　スピノザ　Baruch de Spinoza オランダのユダヤ系哲学者（一六三二―七七年）。デカルトの影響から出発し、汎神論的一元論にいたった。『シュタイナー用語辞典』参照。

心魂の成長

人間の心魂を観察して、利己的な欲望から精神的な愛まで追っていきました。目の開けた者は、この精神的事象の七段階を、世界のいたるところに見ます。世界はさまざまな色彩に輝き、さまざまな音で響いているだけではありません。願望・欲望・情熱のなかでも、愛の作用のなかでも、世界は光り輝いています。すべてが現実です。

心魂は地上から去ると、外的な感覚界とは異なった、ほかの舞台に移ります。外的な感覚界は、目や耳その他の感覚に知覚できるもののみを提供します。感覚的なものは心魂的なものを、人間の器官から覆い隠します。心魂的なものは感覚的なものをとおして表現されます。心魂的なものは感覚的なものをとおして現われます。心魂は言語をとおして聞き、触覚をとおして感じます。精神のまなざしは、もっと遠くまで達します。心魂的な事象をあらわな、剥き出しのかたちで見るのです。

心魂は感覚界という舞台を去ると、心魂界で生きます。心魂は、死後に通過する心魂界を体験します。そこは、あらゆる物質的・化学的な力から自由な世界、情熱・欲望・衝動の世界です。心魂はまず、その世界で形成できるものをすべて形成する必要があります。物質的な覆いなしに自らに流れてくるもの、自らを貫くものに没頭します。心魂は「欲望が満たされる可能性はない」と知ることによって、心魂界の特性に貫かれ、次第に浄化されます。そこで心魂は、物質的身体なしに生きることを学びます。心魂は、物質的な喜び・苦痛なしに、自己として存在することを学びます。物質的な安楽・不快なしに、自己として存在することを学びます。

そこでは最初、心魂は自らをもはや一個の自己であるとは感じません。身体に受肉した心魂は、身体のなかにあることによって、自らを自己と感じます。身体のなかにある心魂は、自分の身体のことを「私」と言います。死後、心魂は「私」と言おうとすると き、身体のなかに生きる可能性なしに、身体の感触を知ります。身体感覚を捨てて、心魂は自らを心魂として感じることを学びます。心魂として生きることを、人間は第四領域で学びます。人間はこの領域をしばしば通過するにしたがって、そして心魂の巡礼が長く続くにつれて、生まれ変わったときに、自分の身体だけでなく、自分の心魂を「私」と言うことを学びます。自分を心魂的存在と感じるようになります。多くの輪廻を経てきた人と、わずかしか輪廻転生していない人とのあいだには相違があります。進歩した人は、自分を心魂存在と感じます。

ついで人間は、「心魂の光」「心魂の力」「精神的心魂」と名付けられる高次領域を知ります。人間はそのなかに生き、活動します。このアストラル領域の最高の部分を、神智学では「常夏の国」と呼びます。心魂が次第に共感圏へと移っていく領域です。周囲への純粋な愛、色彩への純粋な愛のなかに生きることを学ぶ領域です。

人間の心魂は死後、これらのさまざまな領域を通過していきます。そのときに、人間の最高の部分である精神は、願望・欲望・情念に満ちたアストラル的・心魂的なものをあとに残していきます。まだ感覚界に固執するものを、あとに残していきます。そして、心魂のうち精神に属するもの、精神が心魂のなかで発達させたものが、人間が感覚的なものへの傾斜・欲求を脱したあと、さらに生きていきます。

心魂世界の彼方

いまや心魂は、下方への力とまったく関わらない領域に入ります。精神が心魂に浸透しているので、心魂は神界、つまり本来の精神の国に入っていきます。心魂が精神の国で過ごす時間が、死後の人生の大部分を占めます。欲界における浄化の時間は、比較的短いものです。そののち神界で、地上世界・物質世界における経験をとおして心魂が獲得したものすべてが、自由で妨げのない生活に達します。そのため、心魂はこの物質的な感覚界において、愛に満ちて作用できます。しかし、物質的・感覚的世界のなかで精神が完全に表現されることはありません。私たちは誕生から死までのあいだ、絶えず経験を積みます。しかし、植物が岩の裂け目に挟まれるように、それらの経験は締め付けられます。精神の国で、心魂は強められ、力づけられます。

アストラル界は、まだ私たちを押さえ付けるものと思われます。アストラル界では多くを脱ぎ捨てねばなりません。精神の国には、恐れがまったくありません。心魂に流れ込む精神を、単なる感覚的・物質的なものに結び付けるものは何もありません。精神が体験する運命、人間の本質を開示する運命を、私たちは神界での経験から知ることになります。

もう一つ、触れておくべきことがあります。アストラル界の個々の領域は、層をなして重なっているように思われがちです。そうではありません。それらの領域を、意識のさまざまな状態のように理解すべきです。人間がいる場所が変わるのではありません。意識の状態が変わるのです。心魂の国、精神の国は、周囲のいたるところに存在します。私たちのまわりのいたるところに、心魂界と精神界があります。

心魂が精神の目、精神の耳を用いることができるようになったとき、心魂界と精神界は色と光に輝きます。心魂から物質界全体が消え去ります。ヴェールを取り去ると、ヴェールの背後を見ることができます。同様に、心魂が感覚的な触覚・視覚・聴覚のヴェールを取り去ると、願望世界・欲望世界の経過・体験を見ることができます。別世界が心魂のまわりに広がります。いつも心魂の周囲にありながら体験されなかった世界が、いま体験されます。別の体験に、心魂は入っていきます。異なった場所、異なった領域に行くのではありません。自分のいとなみが変容するのです。

人間は人生の巡礼において、段階を追って進みます。そうして人間は、超感覚的なもののなかに感覚的なものの根拠を探さねばならない、ということを学びます。私たちが超感覚的な世界を認識しようとするのは、人間は単に感覚的な存在ではなく、心魂的・精神的な存在であるという意識をもって、ふたたび現実世界に入っていくためです。この意識を獲得すると、自分が感覚的な存在でしかないと思うときよりも、力強く、勇気に満ち、確実に世界のなかで働けます。これが、神智学的な世界観がもたらすものです。この世界観は人間を役立たずにするのではありません。人間を勤勉に、勇敢に、力強く、賢くします。人々を生活から引き離すのは、本当の神智学ではありません。超感覚的世界のなかに感覚界の源泉・本質を探求すべきなので、私たちは超感覚的な認識を伝えようとしているのです。

本当の認識者・神秘学者は、いつも、そう語ってきました。また、霊感を受けた、あらゆる時代の各地の聖典のなかにも、そのように書かれています。東洋の素晴らしい、芸術的で完璧な聖典から、私たちに言葉が響いてきます。

『ウパニシャッド』[*1]の一文をもって、きょうの話を閉じたいと思います。その文章は、感覚的な有限のものが、いかに超感覚的な無限のものに関係しているかを正しく語っています。感覚的な有限のものが、いかに永遠に続くものから出現したか、いかに個々の火花が炎から発するかを、その文章は語っています。感覚的な火花が消え去っても、炎全体は持続しています。個々の感覚的現象は永遠のものから発生し、また永遠のものに還っていきます。

「よく燃える炎から何千の火花が散っても、炎は同じものにとどまる。そのように、さまざまな存在が不滅のものから出現し、また不滅のもののなかに入っていく」と、『ウパニシャッド』には書かれています。

＊1 『ウパニシャッド』古代インド哲学の奥義書。二百種以上が現存し、ここでシュタイナーが引用しているのは「ムンダカ・ウパニシャッド」の一節。

精神の国

デーヴァ界

死と再誕のあいだの霊的人間の進化において、重要な地点があります。その地点で、人間は心魂の国から精神の国に移行します。

前回学んだように、この地点で人間は、自分を物質的存在に縛り付けるものすべてから自由になります。物質的存在への願望・欲望・情熱すべてが霊的人間から抜け落ちます。それらの願望・欲望・情熱は、前進していく人間をもはや迷わせません。

この霊的人間は、「精神の国」と呼ばれる長い時間を体験します。神智学では「デーヴァ界」と呼ばれる時期です。デーヴァというのは、梵語で神的存在のことです。デーヴァはこの領域に自らの本体を有しています。デーヴァは物質的な身体ではなく、精神の国の素材でできた身体を持っています。人間は高次の領域において、これらの存在の仲間になります。

デーヴァ界がどこか別の空間に探求される、と考えてはなりません。精神の国は私たちのまわりにあります。空気が物質界のいたるところに満ちているように、精神の国は私たちの世界に満ちています。物質的な感覚しか使えない人には知覚されないだけです。

物質的な感覚が閉じ、霊的な目が開くと、世界は新しい光に輝きます。世界は新しい特徴を受け取ります。そうすると、人間は以前には見なかったものを見ることになります。先週話したアストラル界、心魂の世界が心魂の器官によって知覚されるのと同様、精神の目が精神の国を知覚します。

この領域のイメージを示すのは困難です。私たちの言語が高次の存在領域のためには作られていないので困難なのです。私たちの言語は、普段の生活のなかにあるものに合っています。どの言葉も感覚的な事物を指し示します。物質界とはまったく異なる高次世界を記述しようとするとき、私たちはこの言語を用いねばなりません。高次元世界を記述するに当たっては、比喩的・象徴的に言語を用いるしかありません。

精神の国はいつも私たちの周囲にあり、透視者の目に映ります。物質的な身体だけでなく、物質的存在への欲望・衝動・情熱などのアストラル的特徴すべても消えていきます。日が差すと雪が溶けるのと同じです。

神界の諸領域

人間が地上に生きるあいだに精神の国について知る唯一のものは思考です。しかし、思考は精神の国のかすかな模像・影像にすぎません。

物質的なものに捕らわれた人は、思考は現実のものではない、と言います。「思考にすぎない」という言い方をします。しかし、思考の世界に精通した人、思考のいとなみの意味を知っている人、思考のいとなみのなかに生きることのできる人にとって、思考はまったく別の意味を持ちます。思考をとおして以外には、人々に精神の国を伝えることはできません。思考のいとなみが、この高次の精神的現実に合致するのです。

この精神的現実を洞察できる者は、その現実を区分します。肉眼にとって地上がさまざまな部分に分かれているように、霊的現実を見ることのできる者にとって、この高次の現実はいくつかの領域に分かれています。イメージ的な話し方ですが、事実に相応した話です。

地球に岩石から成り立つ硬い地殻があるように、大陸に相当する領域が精神の国にもあります。そして、海洋・河川に相当する領域があります。地球の大気圏に相当する領域も神界にあります。この神界の三領域は、地上での体験と関係を持っています。

物質界において皆さんが体験できるもの、物質的対象として体験できるものは、皆さんの周囲にあります。皆さんが目で見るもの、感覚で知覚できるものが、神界において地殻・大陸を形成しています。そこに、地上で肉眼で知覚するものすべての霊的な原像が見られます。

大陸領域・海洋領域・大気圏領域

しかし、この原像の大陸は地上とはまったく別様に見えます。皆さんが地上で人間を見ると、一定の空間がその人の物質体で満たされています。周囲には何も見えません。しかし透視者には、先回話したように、いわゆるオーラが見えます。

精神の国、神界では、まったく異なっています。精神の国で見えるものと、物質的な人間の像との関係は、写真の感光板と、写真に撮られる現実との関係と同じです。物質的素材で満たされているところは、精神の国では空洞になっています。人間が物質界に下ると、空洞はふたたび物質素材で満たされます。

物質界においては何もないところに、輝きを発する存在がいます。初期キリスト教の秘儀参入者が「アイオンの光」と名付けたものが輝いています。これは人間を組成し、人間を精神の国に結び付けるものです。そのように、人間は精神の国では、物質界でいるところにはいません。自分の外、自分が満たしている物質空間の外にいるのです。

透視者が精神世界に入ると、肉眼には空虚に見える事物の周囲が、高次の現実に満たされて見えます。輝きを発する光に満たされて見えます。この光は、心魂のオーラを構成するものとはまったく異なります。

人間は心魂的なオーラを有するだけではありません。心魂のオーラは、もっと高次のオーラに貫かれています。心魂のオーラがほのかな鈍い光であるのに対し、高次の精神的なオーラは、人間の物質的身体が崩壊したあとにも見えます。この精神的なオーラは、ほのかな光ではなく、燃え上がるような光です。

精神的なオーラには、アストラル的なオーラと区別される特徴があります。アストラル的なオーラは透けていないのに対して、精神的なオーラは透けています。精神の国にいる存在にとって、精神界の各領域は完全に透き通っています。

いま述べたのは、精神の国の一番下の部分です。透視者がもっと高次の領域に高まると、一個の全体生命と呼ばれるものを体験します。この一個の全体生命があらゆる存在を貫いて流れています。精神の国の液体要素です。この一個の全体生命は海洋・河川のように見えます。新鮮な桃の花のような色に輝いています。この一個の全体生命のなかには、地上の河川・海洋のような不規則な形は見られません。完全に規則的に形成されています。ですから、心臓・血管と比べるほうがいいでしょう。

第三に体験されるものを、私は精神の国の大気圏と名付けたく思います。この大気圏は、地上で感受と呼ばれるものから組み立てられています。ここで知覚されるのは、精神の国の空間に浸透する空気状の感受世界、つまり大気圏です。地球の感受全体を、ここで知覚できます。この感受は、物質界の大気圏の風や嵐、稲妻や雷のように、外から私たちに向かってきます。

もはや、私たち自身の感情・感受はありません。人間は自分の感情を脱します。他人が感じるものが、自分に向かってきます。他の人々が感じるものと自分が一つであるように感じます。苦悩と苦痛が、精神の世界の雷と稲妻のように流れています。

この世界を洞察すると、現実をまったく別様に理解するようになる、と考えることができます。人間と動物の苦しみの海、人間と動物の喜びの海を見た者は、「苦しみ・喜び」「激情」「荒れ狂う情熱」の本来の意味を見ます。そして、戦争と平和について、生存競争について、いままでとはまったく別の概念を持ちます。死と再誕のあいだの人間は、そのような体験をするのです。

上位領域

さらに高次の領域があります。それらの領域について、ある場所から他の場所に行くように思い描いてはなりません。それらの領域は、すべて互いに浸透しあっています。第四の領域は、私たちの地球とわずかしか関連していません。これまでに話した三つの領域には、地球に関係する特性が知覚できます。第四領域の特質は、私たちが地上で知覚するものと遠く隔たっています。

ここで私たちは、高次の存在たち、地上に受肉したことのない存在たちと結び付きます。人間はここで、物質的なものを越える諸力に出会います。人間が純粋な理想から行なうもの、純粋な思考から行なうもの、純粋に善良な思いから行なうもの、愛から行なうもの、物質的な領域を超えて行なうものは、この領域で見出される諸力に由来します。神界のこの領域は絶えず人間を包み込み、絶えず人間に作用しています。

直観、発明の才のある人は、地上の模像ではないものを作ります。その人は、高次世界から地上に持ち込まれるものを作ります。それは、この第四領域に由来します。私たちが知らないことはこの領域に存在しないのだ、と思う必要はありません。自分が知覚しない事物は存在しない、と思ってはなりません。特別の才能を持って生まれた人は、神界のこの領域に滞在したことによって、その才能を持ってきたのです。

こうして、私たちは境界に達します。その境界は、私たちの地上生活とは遠く離れていますが、私たちの地球に高次の輝きを与えるものを含んでいます。感覚存在のなかに持ち込まれるもの、まだ感覚存在に依拠するものを含んでいます。人間は物質的現実に向き合わなければ、芸術作品も機械も作ることはできません。芸術作品を作るには、物質素材について研究しなければなりません。

もっと高みに存在する神界の三つの領域は、さらに地球と遠い関係しかありません。いわば、まったく別世界から輝いてくる領域です。

透視者、あるいは死と再誕のあいだの人間は、この領域に上昇します。そして、この領域から「天の火花」を取り出して、この世にもたらします。それは神的なもの、最高に精神的なものと思われます。高次の世界からやってくる本来の理想的なものと思われます。それは人間をとおして、高度の道徳、高度の宗教性、繊細な精神科学として物質界に入ってきます。あらゆる叡智、人間が神の使者として物質界にもたらすものの輝きすべては、神界の上位三領域から取ってこられたものです。

肉眼と心眼

私が述べているのは意識状態だということを、もう一度強調したく思います。いま自分がいるのと同じ場所で、周囲に神界のさまざまな領域が輝くのを観察できるのです。肉眼で見たり、物質的な器官で知覚したり、手で触れる現実よりもずっと豊かな現実として、神界が人間に現われます。私はいつも、肉眼と耳による知覚のできない人を例にあげてきました。

先回、盲目で聾唖のアメリカ人、ヘレン・ケラーの本のことを話しました。一般とはまったく別の精神生活が、そこには書かれています。耳も目もなかったら世界はどのようなものに思われるか、一度考えてみてください。ヘレン・ケラーの能力は、そのような状態で形成されました。彼女は大学教育を受けて、立派な教養を身に付けています。ヘレン・ケラーは物質界で、普通の人間の場合とはまったく異なった色合いを有するものを達成しました。

「感覚的印象は目と耳をとおして生じるという意見の人々は、私が町の通りと田舎の道の違いに気づくことに驚く。彼らは、私の全身が周囲に反応していることを忘れているのだ。町の騒音は私の神経全体を刺激する。甲高い印象の耳障りなもの、騒々しいもの、機械の単純な音は、私の注意が他の人々のようにつぎつぎに移り変わるイメージにそらされないだけに、いっそう神経を苦しめる」と、彼女は述べています。

彼女にとって周囲の世界は、他の人々が知覚するのとはまったく別ものです。死の瞬間、肉眼がもはや外界を伝達しなくなり、耳をとおして外の印象が入ってこなくなると、世界はさらに別ものになります。透視者は、神秘的な沈潜をとおして死の扉を通り抜けることができるので、その様子を叙述できます。

赤い色の付いた眼鏡をかける、と考えてみてください。すべてが赤い色合いを帯びて見えます。その特徴は、赤い眼鏡をはずすと、すぐになくなります。赤い眼鏡をはずすように、死の瞬間、目と耳が知覚していた世界は、すべてなくなります。目と耳を覆うヴェールをとおして人間が周囲に知覚していたものが、いまや豊かで多様な精神世界から現われてきます。

アストラル界で燃え上がるものは、先回話しました。人間は自分を唆した願望・欲望・情熱を捨てたあと、しばらくのあいだアストラル界で過ごしてから、新しい状態にいたります。そのとき、アストラル体の目を覆っていたヴェールが落ち、キリスト教神秘主義で「アイオンの光」と言われるものに照らされます。人間に精神の目が開いたときに、内側から人間を照らす光です。この光が精神世界全体を貫いています。

人間は多かれ少なかれ長い時間、死と再誕のあいだの状態を過ごします。人間は精神の国の諸領域を知ります。物質が消え去るとはどういうことか、知ります。物質のあるところは、いまや空洞です。そこには、なにもありません。まったく別の存在領域が現われます。

第一領域

インドのヴェーダーンタ哲学[*1]では、神秘家がいつも語ってきた言葉を瞑想します。「そは汝なり」という言葉です。

神秘家が繰り返し語ってきたのは、人間は皮膚のなかに物質的に閉じ込められたものではない、ということです。人間は宇宙のなかでは、個として存在することができません。人間は物質的身体の外にある諸力と存在に関連しています。また、人間は肉眼に映る現実に属しています。自分も他人も、この現実の一部です。そこで人間は、自分が大きな木の一枚の葉にほかならないことを体験します。その木とは人類です。木から落ちた葉が枯れるように、個人は人類という木から離れると、崩壊するにちがいありません。物質的な人間は、それを知りません。この領域では、それが明らかになります。人間は単に物質的ではない心の姿勢、単に感覚的・物質的な存在に依存するのではない見解をもって地上に生きると、精神世界に触れます。理想主義的な志向へと高まり、高次のものを予感すると、人間は精神の世界でよく生きることができます。

この世では、人間は多様な物質的関連に閉じ込められています。家族・民族・人種に閉じ込められています。そして、人間には友達がいます。これらは物質界における関連です。この関連を、人間は精神の国でもう一度体験します。精神の国で初めて、友情が完全に明らかになります。故郷に属するという感情が明らかになります。物質界における関連の意味が、精神の国で体験されます。いまや人間は原像の世界のなかに生きます。地上でこのような関連に思いを多く向けた人は、この精神の国の領域を存分に生きます。地上では、人間は物質的現実によって物質的身体のなかに閉じ込められています。岩の隙間に生えた植物は、のびのびと生長できません。人間の精神も同様です。

地上では、物質的な覆いのなかに諸特性が閉じ込められています。友情・家族愛・愛国心などの一部だけが、その覆いから抜け出ています。しかし、植物が広々とした耕地で繁殖できるように、人間は物質的な覆いに閉じ込められなくなると、みずからの本質を自由に生かし、力を高めて再来します。家族意識を高次の意味で体験した人は、この天界領域でその感覚を集中的に体験し、特別の家族意識をもって再び地上に生まれます。

＊1　ヴェーダーンタ哲学　宇宙の究極原因であるブラフマンと人間の真我アートマンの合一（梵我一如）を追求する学派。

第二・三・四領域

つぎの領域で、人間は「一個の全体生命」を体験します。精神の国の液体要素を体験します。すべての存在のなかで活動・躍動する「一個の全体生命」を知覚する感覚を地上で発展させる人がいます。つまり、宗教的敬虔さを発展させるのです。敬虔な人間は、すべてを貫いて流れる「一個の全体生命」へと感覚を高めます。宗教的な敬虔な感覚を、人間は神界の第二領域で自由に味わいます。この感覚は、生まれ変わるときに、強められて現われます。この領域で、人間が現世における物質的生活という枠を超えて高まるのを、私たちは見ます。この神界領域で、ヒンドゥー教徒もキリスト教徒も独自の方法で「一個の全体生命」を体験します。

第三領域は、苦と快の原像、苦しみと喜びの原像を知覚するところです。物質的な地球を大気圏が包んでいるように、これらの感情が私たちを包み込みます。人間はこの領域に精通すると、世界のなかで苦しむもの、喜ぶものすべてに対する無私の帰依の感覚を発展させることを学びます。感覚の楽しみ、感覚の苦しみは、もはやその人を重苦しくしません。その人には、自分の苦しみと他人の苦しみとの区別がもはやありません。楽しみそのもの、苦しみそのものを、その人は知ります。私たちは人間の快と苦の実相を認識します。ここで、偉大な博愛家たちに私たちは出会います。博愛、慈善、同情と善意を創造する者たちは、第三領域のなかでその能力を獲得したのです。

地上的な力と能力を用い、直観をとおして地上の事物の特性を用いることによって、発明・発見を可能にするものを、人間は第四領域で受け取ります。ここに芸術家・発明家や、天才的な才知、包括的な世界観、総合的な叡智をもって来世で人々に役立つ者たちがいます。

この人生で特性を発展させた分だけ、神界における意識の作業は長くなります。これは最高の至福の状態です。人間を地上で制約・妨害したものは、人間から抜け落ちています。いまや、人間は自由に自分の能力を発展させます。あらゆる障害がなくなっています。翼をあらゆる方向に広げる可能性、高められた力を再び地上に流し込むことによって地上でもっと精力的に活動する可能性を人間は感じ、それが最高の至福のように思われます。この至福を、あらゆる宗教が天国の至福と述べてきました。ですから、さまざまな宗教において、神界は天国と呼ばれるのです。

神界

神界で過ごす時間は、人によって異なります。神界をまだわずかしか経験しておらず、精神と感覚をわずかしか用いなかった無教養な野生人は、神界に短期間滞在するだけです。神界は、人間が物質界で学んだことを彫琢し、自由に展開し、来世に適したものにするために存在します。存在の高次段階に立つ人、豊かな経験を持つ人は、やるべきことがたくさんあるため、神界滞在が長くなります。のちに、この状態を洞見できるようになると、神界滞在は短くなり、最終的には死後すぐに生まれ変われるようになります。神界で体験すべきものをすでに体験しおえたからです。

人間はさらに高みに進化すると、神界を越えた高次段階に歩み入ります。どの人間も死と再誕のあいだに、あらゆる地上的関連を越えた精神の国の領域に歩み入ります。存在の遥かな高みの領域から人間は神的な力を取り出し、神々の使者として、その力を現世にもたらします。神々の使者としての人間は、この領域に由来します。無教養な人間はそこで探求するものが少なく、そのなかであまり発展できないので素早く通り過ぎるのですが、短い時間であっても死と再誕のあいだに、あらゆる地上的な束縛から自由な神界で過ごします。そこでは、地上の重荷がすべて抜け落ちます。

神的な世界から風が吹いてきます。死と再誕のあいだに人間を貫く風です。高次の存在段階に達した人は、ここに長期間滞在します。そして、特別の叡智、特別の精神力をもって地上に再び下って、人格の高い人として人々を助けます。

人類の指導者たちは、この領域に長期間滞在します。すでに解脱した者たち、神智学で「マイスター」と言われる人たちも、ここにいます。現在の人間のあり方を遥かに超えた存在です。人間は死と再誕のあいだに、これらの存在の周囲に長くいられると、より純粋で高貴で道徳的な人間としてふたたび地上に生まれることになります。地上で純粋・高貴・理想主義的になろうと努めた分だけ、神界のこの領域に吹く風に長くあたることができます。

これが、人間が死と再誕のあいだに行なう遍歴の道です。それは意識状態であって、別の場所なのではありません。これらの領域を遍歴するとき、ある場所から他の場所に行くのではありません。それらの領域は順に消え去っていく、と言うことができます。目が閉じ、耳が塞がれると、物質的な外界が消え去るようにです。その場合、皆さんの周囲は暗く沈黙しますが、精神世界では新しい世界が現われるごとに皆さんの周囲が明るくなります。

人間が神界で過ごす時期について語られる内容は、語る者の経験によって異なります。この領域に関して経験を持つ者、前世を思い出せる者、あるいは、精神の輝く世界を透視できる者だけが、神界について語ることができます。

神界で過ごす時間

人間の進化段階によって、どれくらい長く神界で過ごすかはさまざまです。しかし、人間が天界で過ごす時間をおおよそ知ることができます。誕生から死までの地上の人生を二〇倍から四〇倍すると、天界で過ごす時間になります。時間の長さは、人間の進化段階に拠ります。また、地上生の長さにも拠ります。

生後まもなく死んだ子どもは、その子が生きた時間の二〇〜四〇倍が神界滞在の長さになります。

長寿だった人は、神界で長期の重要な状態を送り、神秘主義で「神界の至福」と言われるものをたくさん感じ取ります。神界での生活は、肉眼や物質的感覚が表象できるものとは本質的に異なります。

この領域を叙述した概念・言葉は近似的なものでしかありませんが、それでも私は可能なかぎり忠実・正確に、この領域を描きました。

これらの領域の素材、これらの領域本来の本質は、人間の最奥の本性には属しません。人間の最も深い本質、ジョルダーノ・ブルーノが「モナド」と名付けたもの、人間のなかの最高の精神的・生命的なものは、もっと高次の世界に由来します。

その高次の世界を洞察するためには、人間の能力を発展させねばなりません。神秘家は自分が見たものを述べるだけではなく、高次世界を見るためにどのように素質を発展させることができるかについても語ることができます。

神界について初めて聞いた人が、そんな領域は幻想だ、と言うことがよくあります。神界についての話は影像のようなもの、物質生活における思考内容を思い出させるものであり、物質界よりも現実性に乏しい、とよく言われます。そうではありません。高次の世界へのまなざしを得た者は、高次世界には物質的な現実よりもずっと強く高い現実性が存在することを知ります。物質存在の本当の意味は、高次世界の光の下で見るときに初めて明らかになります。

皆さんのまえに光線があるとき、そこに電気あるいは磁気の力が隠れているとは感じないことがあります。同様に物質界の事物も、高次の存在を含んでいると皆さんが感じることなしに、皆さんのまえに広がっています。

響きを発する色彩ゆたかな世界を知った者は、その世界を輝かしい色彩で描きます。そして、精神の耳に入ってくる音を、みごとな言語で叙述します。古代のピタゴラス主義者たち[*1]は「天球の音楽」について語りました。神界を洞察した者が、天球の音楽を知るのです。多くの人が、それは比喩・象徴だ、と思います。そうではありません。それは最高の現実なのです。

精神世界から私たちに、リズミカルなメロディーが響いてきます。それは宇宙の力です。宇宙の力がリズミカルに形成され、私たちは「神界における耳」を使えると、そのリズムを聴くことができます。そして、神秘家が知覚する名状しがたい至福が現われます。この世のすべてが抜け落ち、感覚をとおって響いてくるものすべてから注意が離れると、神界の印象を述べることができます。

このような時期を、人間は死と再誕のあいだに通過しなければなりません。そこでは、人間は再誕への萌芽の状態にあります。神界の時期を通過して再誕に向かう種子・芥子《からし》種の状態です。

ドイツの神秘家アンゲルス・シレジウス[*2]は『ケルビムのごとき旅人』のなかに、印象的な美しい言葉をたくさん書いています。いかに精神が胚種として死から再誕へと向かい、来世を準備し、新しい高次の力を展開するかを、この素晴らしい神秘主義の本に短く明瞭な言葉で書いています。精神の光を発する心を輝かすことができる、ということを神秘家はみな知っています。それをアンゲルス・シレジウスは、つぎのように言いました。

私の精神は一つの芥子種。
それを太陽が照らす。
そうして精神は、神に等しく、無上の歓喜をもって成長する。

＊1　ピタゴラス主義者　ＢＣ六世紀のギリシアの哲学者ピタゴラスが創設した密儀的教団の流れを汲む者たち。ピタゴラスについては『シュタイナー用語辞典』参照。

＊2　アンゲルス・シレジウス　Angelus Silesius（一六二四〜七七年）　ドイツの宗教詩人。医師としての活動のかたわら、ドイツ神秘主義の著作に親しみ、プロテスタントからカトリックに改宗した。

アストラル界の法則と神界の法則

思考・感情・意志

きょうの講演では、人間のなかにまどろんでいる力と能力を形成して高次の世界を自ら経験・観察しようとする人が満たすべき条件を扱います。

認識の道を歩もうとし、高次の世界に上昇しようとするときに人間が果たさねばならないことの多くについて、みなさんは『いかにして高次世界の認識に到達するか』をとおして一つのイメージを持っています。しかし、この論文は個々のことがらを述べただけです。私はこの本の三倍か一〇倍の分量を書くこともできました。

この領域に関しては、非常にたくさんのことを言わねばなりません。ですから、さまざまな面に関して、さらに詳しく述べるのは有益です。人間は事物を一つの側からしか照らし出すことができません。ある面から明らかにされたものを、別面から照らし出して補完することを原則にしなければなりません。きょうは認識の道の条件、高次世界への上昇の条件について、ある面からスケッチしようと思います。

私がゲーテの『メルヘン』についての解釈[*1]のなかで示唆したことを、皆さんは覚えていらっしゃるでしょう。人間にはさまざまな種類の心魂の力がある、ということを私は話しました。そして、その力すなわち思考・感情・意志を、修練をとおして程よい状態に育成する必要を語りました。意志・感情・思考は、それぞれの精神的な目標を認識して、常に程よい進化を遂げねばなりません。

たとえば、ある目的のためには、意志が後退して、感情が強く出てこなければなりません。別の目的のためには、思考が退かねばなりません。また別の目的のためには感情が退かねばなりません。これらの心魂の力は、密かな修練をとおして、正しい割合で形成されねばなりません。高次世界への上昇は、思考・感情・意志の育成に関連しているのです。

＊1 『メルヘン』についての解釈 「ゲーテの秘密の啓示」（邦訳『ゲーテ――精神世界の先駆者』アルテ、『メールヒェン』人智学出版社、『メルヘン論』水声社所収）

思考と感情

なによりも、思考の浄化・純化が大切です。そうすることによって、物質界でなされる外的な感覚的観察に思考がもはや依存しなくなることが必要です。

思考だけでなく、感情と意志も認識の力になります。それらは通常の人生では個人的なあり方をしています。共感と反感は、個々人で異なっています。しかし、共感・反感は客観的な認識力になることができるのです。これは今日の科学では信じられないことでしょう。

思考、特に感覚的な観察における表象的な思考については、客観的な認識である、と人々は思います。しかし、同じものを人によって違う感じ方をするのを見ると、感情が認識の源になれる、と認めることができるでしょうか。そのように揺れ動くもの、共感・反感のように個人に左右されるものが認識にとって決定的になりうる、と受け入れることがどうしてできるでしょう。感情を修養して、感情が事物の最奥の本質を把握できるようにする、と受け入れることがどうしてできるでしょうか。

思考が事物の最奥の本質を把握できる、ということは容易に理解できます。しかし、私たちがあるものに向き合い、その対象が私たちのなかに或る感情を目覚めさせるとき、その感情が個人の共感・反感を語るのではなく、感情自体が事物の最奥に存在するものを表現する手段になれる、と信じるのは困難に思われます。さらに、意志と欲望の力も内的なものを表現する手段になれるというのは、いかがわしく思われるでしょう。

しかし、思考が純化されて客観的になり、感覚界ならびに高次世界における事実の表現手段になるように、感情と意志も客観的になれるのです。これは誤解されてはなりません。

今日の人間の通常の生活における感情、直接的な感情内容は、高次世界の表現手段にはなりません。この感情は個人的なものです。秘教的な修行は、感情を陶冶・変化・変容させることを目的にしています。その修行をとおして、個人的であった感情は別のものになります。しかし、秘教的な修行によって感情を育成して或る段階に達した人間は「私のまえに、ある存在がいる。私はこの存在を感じる」と認識できる、と思ってはなりません。自分の感情のなかにあるものが真理・認識だ、と思ってはなりません。密かな修行によって感情を変化させる過程は、もっと内密で内的なものです。

修行をとおして感情を変化させた者は、イマジネーション認識にいたります。霊的な内容が象徴的に開示されます。アストラル界にある事象と存在が、象徴的に表現されます。感情が変化して、イマジネーションになるのです。人間のなかに、アストラル空間の秘密を表現するイメージが現われます。物質界で色の付いた薔薇を見るようにではなく、象徴的なイメージを見るのです。神秘学において示されるものは、すべてイメージで見えます。たとえば、薔薇で飾られた十字架です。

私たちが物質界で見るものが物質的な事実に相応しているように、あらゆる象徴はアストラル的な事実に相応し、一定の事実を表現しています。人間は感情を育成し、イマジネーション的に認識するにいたります。

意志に関しても同様です。意志の修練をとおして一定の段階に達した人は、なんらかの存在に向き合ったとき、「この存在は私のなかに切望を呼び起こす」とは言いません。意志が育成されると、神界における音を知覚しはじめます。

イマジネーションとインスピレーション

私たちのなかで感情が育成されると、その結果、イマジネーションにおいてアストラル的な観照が生じます。意志が育成されると、その結果、神界の出来事が神霊的な音楽、天球のハーモニーのなかで体験されます。天球のハーモニーから、事物の最奥の本質が流れてきます。

思考を形成すると、客観的な思考が獲得されます。これが第一段階です。同様に、感情を育成すると、イマジネーションの段階において新しい世界が開かれます。意志を育成すると、インスピレーションの段階で下位神界の認識が生じ、ついにはインテュイションにおいて高位神界が人間のまえに開かれます。

私たちが段階を一段上昇すると、イメージが現われてきます。しかし、私たちはそのイメージを自分の思考内容のように用いることはできません。「このイメージはどのように現実に相応するのか」と私たちは問います。事物は色彩と形態から成り立つイメージで現われます。人間自身がイマジネーションをとおして、象徴的に現われる存在の謎を解かねばなりません。

インスピレーションにおいて、事物は私たちに語りかけます。私たちは問う必要がありません。物質界の認識理論を転用した概念で謎を解く必要がありません。インスピレーションにおいては、事物の最奥の存在が私たちに語りかけます。

だれかが私たちに向き合って自らの最奥の本質を表現すると、それは私たちが一個の石に向き合うときとは異なります。私たちは石のことを解明し、石について熟考しなければなりません。人間に関しては、そうではありません。その人が語ることのなかに、その人の本質を私たちは体験します。人間は私たちに語ります。インスピレーションの場合、そのようなのです。概念的な論証的思考ではなく、事物が語ることに耳を傾けるのです。事物自体が、みずからの本質を語ります。

「だれかが死んで、その人に私が神界で再会すると、私は誰に会ったのか分かるだろう。とはいえ、神界の存在は物質界のものと比較できず、べつな姿に見えるにちがいない」と言うのは無意味です。神界では存在自身が、自分がどんな存在かを語ります。人間は私たちに名前を告げるだけでなく、本質を絶えず私たちに流します。その本質が天球の音楽をとおして私たちに流れてきます。誤解はありえません。

欠乏

人間はさまざまな精神科学の叙述を誤解して、物質界・アストラル界・神界が空間的に離れている、と思いがちです。私たちは「物質界があるところにアストラル界も神界も存在する」ということを知っています。これらの世界が入り交じっています。「もしすべてが入り交じっているのなら、私は三つの世界を区別できない。物質界ではすべてが個別に存在している。彼岸が此岸のなかに入り込んでいるのなら、どうやってアストラル界と神界を区別すればいいのか」と問うことができます。

アストラル界から神界に上昇すると、神界に上昇した分だけ、イメージと色彩が響き渡ります。霊的に輝いていたものが、いまや霊的に響きます。高次世界の体験にも区分があります。上昇する者は、自分がどの世界にいるのか、一定の体験によって認識できます。

きょうは、アストラル界の体験と神界の体験の相違を述べましょう。アストラル界がイマジネーション、神界がインスピレーションをとおして認識されるだけでなく、ほかの体験をとおしても自分がどの世界にいるか認識できます。

アストラル界の一部は、人間が死の直後に過ごす時期であり、精神科学文献で「欲界の時期」と名付けられています。欲界にいることは、何を意味するでしょう。

私はしばしば、味覚が伝える楽しみを欲界で渇望する美食家を例にあげました。死ぬと、物質的身体は捨て去られます。エーテル体の大部分も、そうです。アストラル体はまだ存在しています。人間は自分の特性と、生存中に物質的身体のなかに有した力を持っています。これらは死後すぐには変化しません。だんだんと変わっていくものです。おいしい食事を切望したら、その切望、享受への渇望が残ります。しかし死後は、渇望を満たす物質的身体の器官が欠けています。その人は享受できなくて、苦しみます。自分には得られないものを渇望します。

これが欲界の体験であり、物質的身体をとおしてのみ満たされる満足への切望がアストラル体のなかにあることにほかなりません。物質的身体はもうないので、享楽への渇望をなくす必要があります。欲界は渇望を捨てる時期なのです。渇望をアストラル体から消すと、人間は解放されます。

欲界の時期全体にわたって、「欠乏」と名付けることのできるものがアストラル体のなかに生きています。さまざまな形・ニュアンスの欠乏です。これが欲界の内容です。光が赤・黄・緑・青のトーンに分かれるように、欠乏もさまざまな質に分かれます。欠乏が、欲界にいる人間の特徴です。

アストラル界は欲界だけではありません。アストラル界は、もっと広いものです。しかし、物質界にだけ生き、物質界の内容だけを体験した人間は、準備がないと、死後であれ霊的な手段を使ってであれ、アストラル界の他の部分を体験できないでしょう。アストラル界において欠乏しか体験できないでしょう。

高次世界に上昇して、「私はあれこれがなくて困っている。それを得られる見込みはない」と知る人は、アストラル界における意識を体験しているのです。だれかが密かな手段を用いて、身体から出てアストラル界に入っても、アストラル界における欠乏に苦しむにちがいありません。

諦念

どのようにすれば、アストラル界における欠乏の領域だけでなく、アストラル界の最善の部分を体験するように修練できるでしょうか。

欠乏とは反対のものを形成することによって、人間はアストラル界の別の部分に入ることができます。欠乏に対抗する力を自分のなかに呼び起こすことによって、人間はアストラル界の別の部分にもたらされます。その力を人間は得なくてはなりません。

それは諦念の力です。欠乏と同じく、諦念にもさまざまなニュアンスが考えられます。自分に課す小さな諦念によって私たちは前進し、アストラル界の良い部分に上昇します。ささいなものを断念することは、アストラル界の良い部分を体験する準備になります。弟子が試しに何かを断念すること、諦念の練習をすることに、神秘学は大きな価値を置いています。そうすることをとおして、弟子はアストラル界の良い面に入ることができます。

そうすることで、何が引き起こされるのでしょう。欲界における経験を考えてみましょう。だれかが死その他のことによって物質的身体から出た、と考えてみましょう。物質的な身体の器官が欠けた、と考えてみましょう。満足のための道具が欠けます。すぐに、欠乏が生じます。その欠乏はイマジネーション像としてアストラル界に現われます。たとえば赤い五角形、赤い円が現われます。これは欠乏を表わすイメージにほかなりません。物質界の事物が、心魂のなかで体験されるその事物の表象に相応するのと同様です。

低次の情欲、深い欲望を持つと、身体から抜け出たときに、恐ろしい動物がその人に向かってきます。この恐ろしい動物が、低次の欲望の象徴です。

諦念を学ぶと、死あるいは秘儀参入によって身体から出た瞬間、赤に諦念の感情が浸透するので、赤い円はなくなり、緑の円が現われます。同様に、諦念の力によって獣は消え去り、アストラル界の高貴な姿が現われます。

人間は赤い円あるいは醜い獣を、諦念の力、断念をとおして反対のものに変えます。諦念は、未知の深みからアストラル界の本当の姿を呼び出します。本式にアストラル界に参入しようとする人は、その際に心魂の力は不必要だと思ってはなりません。心魂の力が伴わないと、アストラル界の一部にしかいたれません。イマジネーションも断念しなければなりません。断念すると、アストラル界の本当の姿が現われてきます。

犠牲

神界ではインスピレーションが得られます。神界にも内的な区分があります。神界には、まだそんなに多くの災いは引き起こされていません。アストラル界のなかには恐ろしい欲界があります。神界には、まだそのようなものはありません。木星状態・金星状態*1において、黒魔術によって神界が退廃すると、災いが生じるでしょう。そのとき、今日アストラル界にあるものと同様のものが神界にも発展するでしょう。いまの進化期においては、そうではありません。

認識の途上でアストラル界から神界に上昇すると、何が生じるでしょうか。あるいは、単純な人間として生きて死後に神界まで引き上げられると、何を体験するでしょう。至福を体験するのです。色彩の世界から音のなかへと入っていくのは、どんな場合でも至福です。今日の進化段階では、神界におけるすべてが生産・製造であり、認識に関しては霊的な聴取です。生産すべてが至福であり、天球のハーモニーを聴くのも至福です。人間は神界で純粋な至福のみを感じます。霊的な知識を手段として、人類進化の指導者、叡智と感受の共鳴のマイスター*2たちをとおして神界にいたるか、あるいは普通の人間の場合には、死後に神界に引き上げられると、至福を体験します。それは秘儀参入者が認識の道を進んだときに体験するにちがいないものです。

しかし、世界のさらなる進化のなかで、単なる至福にとどまるべきではありません。それは洗練された霊的エゴイズムでしかありません。とどまると、人間の個体はいつも至福の熱を自分の内に受け取るだけであり、そうなると、自分自身のなかで心魂的に硬化する存在が形成されるでしょう。

ですから、世界の救済と前進のためには、修練をとおして神界に入った者は天球の音楽のなかであらゆる至福のニュアンスを体験する可能性を保つだけでなく、至福とは反対の感情を自分の内に発展させねばなりません。断念が欠乏に対峙するように、犠牲の感情が至福に対峙します。犠牲によって、至福が世界に流れます。

この自己犠牲の感情は、トローネ[*3]という名の神霊が、創造に関与しはじめたときに持っていました。トローネは土星[*4]で自らの素材を流し出したとき、これから生成される人類のために自分を犠牲にしました。今日わたしたちが有する素材は、トローネが土星で流し出したものと同じです。同様に、叡智の神霊[*5]は古い太陽[*6]で自らを犠牲にしました。

これらの神霊は、単に高次世界に上昇して至福の体験を受け取るのではありません。

彼らは神界を通過するときに、自分を犠牲にすることを学びます。彼らは犠牲によって乏しくなるのではなく、豊かになります。まったく物質のなかに生きる者だけが、犠牲によって自分が消えてしまう、と思うのです。そうではありません。宇宙の進化のために犠牲になると、自分自身が高く豊かに進化するのです。

人間はイマジネーション、インスピレーションへと上昇して、自分の存在全体が新しい至福で貫かれる領域に入ります。その領域では、自分の周囲にあるものすべてが語りかけるだけではありません。周囲のすべてが霊的な至福の音を吸収するのです。

人間の感情全体の変化によって、高次の認識への上昇がなされます。密かな修練は、叡智と感受の共鳴のマイスターが私たちに与えた規則にほかなりません。この規則をとおして、人間の感情と意志が変化し、人間は高次の認識と体験に導かれます。修行者は感情と意志の内容を密かに育成・改造することによって、高次の能力に達するのです。

＊1　木星状態・金星状態　七つの惑星期（惑星状態）を説くシュタイナーの宇宙進化論において、現在（地球期）の後に到来する第五・第六の惑星期。『シュタイナー用語辞典』参照。

＊2　叡智と感受の共鳴のマイスター　神智学で説く一二人の導師。五人は天界におり、マイスター・イエス、ローゼンクロイツ、クートフーミ、モーリヤ、セラピス、ヒラリオン、ヴ

エネツィアのマイスターの七人は繰り返し地上に受肉する。

＊3　トローネ　九位階からなる神霊存在の上から三番目の存在。キリスト教で座天使、シュタイナーの命名では意志の神霊。『シュタイナー用語辞典』参照。

＊4　土星　シュタイナーの宇宙進化論における最初の惑星期。『シュタイナー用語辞典』参照。

＊5　叡智の神霊　九位階からなる神霊存在の上から四番目の存在。キリスト教で力天使。『シュタイナー用語辞典』参照。

＊6　太陽　シュタイナーの宇宙進化論における二番目の惑星期。『シュタイナー用語辞典』参照。

第八領域

神界について

きょうは、人間が受肉と受肉のあいだに滞在する神界について話しましょう。

人間の神界滞在というのは、いま私たちがいる所とは別の場所に行くのではない、ということを明らかにしておかなくてはなりません。神界・アストラル界・物質界は互いに進入しあう三つの世界です。人々が電気を発見するまえの電力の世界を考えると、神界について正しいイメージを作れます。以前から、すべてが物質界に含まれていたのですが、発見されるまでは隠された領域でした。隠れていたものが、いつか発見されます。神界と物質界について言うと、現在の人間は物質界を眺めることのできる器官は持っていますが、神界の現象を見ることのできる器官は備えていません。

受肉と受肉のあいだにある人間の心魂について考えてみましょう。その人間は物質的身体を一般的な諸力に引き渡し、エーテル体を生命力に引き渡しています。さらに、自分が働きかけなかったアストラル体の部分を返還しています。そのような状態で、人間は神界にいます。神々がエーテル体・アストラル体のなかに注ぎ込んだものを、もはや所有していません。自分がいくつもの人生のあいだに身に付けたものだけが自分の所有物になっています。それは神界においても自分のものです。人間が物質界で行なったことすべてが、人間が神界で意識を持つために役立ちます。

人間関係を取り上げましょう。たんに自然的に決まった関係もあります。たとえば兄弟です。しかし、その関係は一部のみが自然的です。精神的・知的なものが自然的関係のなかに絶えず入り込んでくるからです。

人間はカルマによって、決まった家庭に生まれます。ただ、すべてがカルマで決められているのではありません。まったく自然的な関係があるのは動物です。人間の場合は、カルマによる精神的な関係がいつもあります。

自然的な制約のない人間関係もあります。外的な障害を乗り越えた友情が結ばれることがあります。最初は反感を持っていた相手に、純粋に知的・精神的な、心魂と心魂の結び付きを見出して友達になる人々がいます。この関係を、兄弟の自然的な関係に対置させましょう。心魂から心魂への関係は、神界での器官を形成する強力な手段です。そのような関係以上に神界における器官を発展させるものは他にありません。そのような関係は無意識のうちに神界的な関係になっています。

心魂の関係

人間が現在、純粋に心魂的な友情において発展させる心魂能力は、神界において叡智と精神的なものを経験する可能性を与えます。そのような関係に慣れるにつれて、人間は神界の準備をします。心魂の関係を結べないと、神界の準備ができません。そのような人は、心魂的なものが取り去られています。盲人には色彩が見えないのと同様です。人間が純粋に心魂的なものを育成するにつれて、神界を見る目が成長します。

「地上で活発な精神生活を送る者は、地上における自らの行為によって得るものが多いのと同様、彼方で精神について多く知覚する」という言葉は本当です。ですから、物質界での人生は非常に重要です。神界を知覚する器官を目覚めさせる手段は、物質界における精神的行為だけです。それは創造的であり、神界のための感覚器官が私たちに形成されます。自然的な基盤に依らない、純粋に心魂的な人間関係を築くのが最良の準備になります。

精神的な関係を結ぶために、人々は支部で出会うべきです。導師はそのようにして、生命を人類の流れのなかに注ぎ込もうとします。正しい志操の支部で生じることは、参加者の精神の目を神界において開けます。物質界で精神的な関係を結ぶと、それは死後に保たれます。その関係は死後、生存者にも死者にも続きます。彼岸に行った者は、まだ此岸にいる者と結んだ関係を維持します。それどころか、死者はその精神的関係をずっと強く意識します。

このような方法で、人々は神界にふさわしく自己教育します。死者は死後、愛する者との関係を継続します。以前の関係は、神界での作用を作り出す原因になります。ですから、神界を作用の世界、物質界を原因の世界と言うのです。

高次の器官は、その器官の原因を物質界で播かないと形成できません。この目的のために、人間は物質界に置かれているのです。

私たちは物質存在へと下るまえ、ある神によってもたらされたアストラル体の内容をもって生きていました。かつて、その神によって人間のなかに共感と反感が呼び起こされました。人間自身には責任がありませんでした。

つぎの段階で人間は、「いま私は、勝手をわきまえた存在として物質界に歩み入った。かつては、〈私〉という言葉を発することができなかった。いま、私は私自身にとって独自の存在になった。以前も、たしかに独自の存在であったが、神界存在の一部だった。

私は物質界において、物質的身体に閉じ込められているので、一個の独自存在、一個の個我である」と思います。

高次の「体」は互いに流れ込んでいます。たとえば、アートマ[*1]は本当は共同の大気のように、全人類においてただ一つのものです。とはいえ、個人のアートマは普遍的アートマから切り出された独自の部分のように理解されます。この独自性を私たちは克服しなければなりません。私たちは純粋に心魂的な人間関係を結ぶことによって独自性を止揚し、全体においてアートマが一様であることを認識します。そのような人間関係を結ぶことによって、私は自分のなかに共感を目覚めさせます。私は無私に宇宙の計画に一致することを引き受けます。こうして、人間のなかに神的なものが目覚めるのです。これが外なる世界を見る目的です。

＊1　アートマ　個我の力によって霊化された物質的身体。『シュタイナー用語辞典』参照。

月

私たちは今日、物質的な現実、太陽、月、星々に囲まれています。古い月存在[*1]において外から人間を包んでいたものは、今日では人間のなかにあります。月の力は、いま人間のなかに生きています。もし人間が月にいなかったら、その力を人間は持っていなかったでしょう。当時は、エジプトの神秘学は月を、豊饒の女神イシス[2]と呼びました。イシスは、地球に先行する月の心魂です。いま植物と動物のなかに生きている繁殖力が、周囲に生きていました。今日、火、化学的な力、磁気などが私たちのまわりにあるように、いま人間・動物・植物のなかにある繁殖力が月を取り囲んでいました。いま地球を取り巻いている力は、未来に人間のなかで個別の役割を演じるでしょう。

いま男と女のあいだに作用する力は、月では今日の火山噴火のように外的な物理的力でした。その力が月存在のあいだ、人間を取り囲んでいました。人間はその力を月期の感覚によって吸収し、その力をいま発展させています。人間が月で吸収したものが、地上での進化に現われます。レムリア時代[3]以降に人間が分離した性的な力がイシス、月の心魂であり、それは人間のなかに生きつづけています。それが、人間と今日の月とのあいだの類縁関係になっています。月は自らの心魂を人間に渡し、そのために、残滓になりました。

私たちは地球で経験を積むことによって、つぎの惑星で自分自身のものになる力を集めているのです。いま私たちが神界で経験するのは、つぎの時代のための準備段階です。

いま人間が月を見上げて、「月は私たちに生殖力を与えた」と言うように、未来の人間は今の地球から発生する一個の月を見るでしょう。その月は心魂をなくした残滓として、未来の木星のまわりを巡るでしょう。人間は今日地上で受け取っている光、熱、あらゆる物質的知覚を、新しい力として木星で発展させるでしょう。人間は以前に感覚をとおして知覚したものすべてを、のちに放射するでしょう。人間が心魂をとおして受け取ったものも、すべて現実になります。

このように、神智学は物質界を過小評価しません。人間は物質界で集める経験を、のちに放射します。今わたしたちに流れてくる地球の熱や日光が、のちには私たちから放射されます。いま私たちから性的な力が発するように、新しい力が現われ出るでしょう。

＊1　月存在　シュタイナーの宇宙進化論において、土星期・太陽期につぐ惑星期。『シュタイナー用語辞典』参照。

＊2　イシス　大地の神ゲブと天空の女神ヌートの娘。オシリスの妻、ホルスの母。弟セトに殺されたオシリスを蘇生させた。

＊3　レムリア時代　シュタイナーの人類進化論で、地球の物質状態において人類がポラール時代、ヒュペルボレアス時代についで通過した第三時代。インド洋上にあったレムリア大陸で人類が進化したとされる。『シュタイナー用語辞典』参照。

神界状態・秘儀参入

一連の神界状態が何を意味するのか、明らかにしましょう。最初、神界で過ごす時期は短いものでした。しかし、だんだんとメンタル体[*1]に霊的な器官が形成され、ついには人間が地球の叡智を吸収しつくすと、神界の体の器官が完成します。地球周期が完了すると、すべての人間がそうなります。そして、すべてが人間の叡智になります。熱と光が叡智になります。

地球マンヴァンタラ[*2]と次の惑星のあいだ、人間はプララヤ[*3]のなかで生きます。そのとき、外には何もありません。しかし、人間が地球から吸収した力は、すべて人間のなかに存在します。そのような生命時期において、外的なものすべてが内面に向かいます。そのとき、すべては胚珠の状態で存在し、つぎのマンヴァンタラまで生き延びます。あたかも、私たちが熟考するとき、周囲にあるものを忘れて、自分の経験だけを覚えているのに似た状態です。その経験を記憶に保ち、のちに用います。プララヤのあいだ、全人類はあらゆる経験を回想しており、それを後に再び利用します。

そのように思い出している中間状態が常に存在します。神界状態も、そのような中間状態です。人間が神界状態において次第に自分のまわりに有することがらを、秘儀参入者は眼前に見ます。それは中間状態です。神界、別側の世界、中間状態にある世界を、秘儀参入者は述べます。秘儀参入者は、神界を越えてさらに高次の状態にいたると、また中間状態を叙述します。

　秘儀参入の第一段階は、外界のヴェールをとおして別側から世界を見ることです。秘儀参入者は地上で故郷喪失者になります。秘儀参入者は、彼岸に山小屋《ヒュッテ》を建てねばなりません。イエスの弟子たちは「山の上にいた」とき、神界、すなわち空間と時間の彼方に導かれました。彼らは山小屋を建てたのです。これが秘儀参入の第一段階です。

　秘儀参入の第二段階で同様のことが、より高い段階で生じます。第二段階で、秘儀参入者は、二つの形態状態＝球期[*4]のあいだの時期に相応する意識状態を有します。このプララヤ状態は、物質的な形態状態で達成できるものすべてが達成されて、地球がアストラル的形態状態に変化したときに生じます。

　秘儀参入者の第三の意識状態は、二つの周期[*4]の中間状態に相当するものです。先行する周期の無形球期から、続く周期の新たな無形球期までの中間状態です。秘儀参入者は第三状態に到達するとき、二つの周期のあいだのプララヤにいます。第三段階の秘儀参入者です。イエスは第三段階において、自分の身体をキリストに提供できました。キリストは、周期のなかに生きる霊たちすべての上に立っています。周期を越えた秘儀参入者が、自分の身体をキリストに提供できたのです。

人間の個我意識は、キリスト教をとおして浄化・聖化されるべきです。キリストは利己的な個我を高めて浄化し、自己意識に達したのちに、無私になって死なねばなりませんでした。ですから、第三段階の秘儀参入者だけがキリストに自分の身体を提供できたのです。

現代では、このような高い状態を完全に意識するのは非常に困難です。深い学識を持つスバ・ロー[*5]は、弟子の三状態を述べています。

私たちは月を、私たち自身の残滓と見ます。かつて月に生命を与えた力を、私たちは自分のなかに有しています。これは、月を歌う詩人のセンチメンタルな感情の基盤でもあります。詩的な感受はすべて、人間のなかに深く生きている秘められた流れのかすかな余韻です。

＊1　メンタル体　神智学で日常の自我体のこと。

＊2　マンヴァンタラ　古代インドの宇宙観における宇宙の顕現期。

＊３　プララヤ　古代インドの宇宙観における宇宙の消滅期。

＊４　球期、周期　七つの惑星期＝意識状態のそれぞれに七つの周期＝生命状態（第一元素界・第二元素界・第三元素界・鉱物界・植物界・動物界・人間界）があり、おのおのの周期に七つの球期＝形態状態（無形状態・有形状態・アストラル状態・物質状態・彫塑状態・知的状態・元型状態）がある。『シュタイナー用語辞典』参照。

＊５　スバ・ロー　Tellapragada Subba Row（一八五六〜九〇年）インドの神智学者。法律家であったが、一八八二年に神智学協会の創始者ブラヴァツキーとオルコットに会って、インド哲学・秘教の研究に取り組んだ。

第八の領域

さて、ある存在が、残滓として残るべきものと癒着することがあります。のちに今日の月になるべきものが、地球から取り残されます。それを人間は克服しなければなりません。しかし、人間はそれと結び付くことがあります。たんに感覚的なもの、たんなる衝動と深く織り合わさった人間は、残滓になるべきものと結合します。獣の数、６６６が満ちたとき、そうなります。そのとき、地球が惑星の一連の進化から出ていく時がきます。人間は抜け落ちるべき感覚的な力と非常に密接になると、つぎの球期に移っていくためのつながりを見出さず、残滓と結び付き、その残滓の上に棲むことになります。今日の月に住む存在のようになるのです。

私たちは第八領域という概念を持っています。人間は七つの領域を通過していかねばなりません。七つの惑星が七つの体に対応します。

土星は物質的身体に対応します。

太陽はエーテル体に対応します。

月はアストラル体に対応します。

地球は個我に対応します。

木星はマナス[*1]に対応します。

金星はブッディ[*2]に対応します。

ウルカヌス星[*3]はアートマに対応します。

これらと並んで、第八の領域が存在します。この一連の進化に加われないものが第八の領域に行きます。その萌芽はすでに、神界状態のなかで形成されています。人間が地上での人生を、自分だけに役立つものを集めるため、自分の利己的な上昇のためにのみ利用すると、神界において阿鼻地獄＝無間地獄状態に行きつくことになります。特異なあり方から出られない者は、阿鼻地獄に行きます。阿鼻地獄の人間は、みんな第八領域の住人になります。阿鼻地獄は第八領域を準備するものです。ほかの人々は一連の進化を生きていきます。諸宗教はこの概念から「地獄」を叙述しました。

人間は神界から戻ってくるとき、一二のカルマの力に従って、自分のまわりにアストラル的な力、エーテル的な力、物質的な力を整えます。それはインドの秘教で因縁と言われます。

無明＝無知
行＝編制的傾向
識＝意識
名色＝名称と形態
六処＝悟性が事物から作るもの
触＝存在との接触
受＝感情
愛＝存在への渇き
取＝存在の楽しさ

有＝誕生
生＝誕生へと促したもの
老死＝地球存在から解放されるもの
＊1　マナス　個我の力によって純化されたアストラル体。『シュタイナー用語辞典』参照。
＊2　ブッディ　個我の力によって霊化されたエーテル体。『シュタイナー用語辞典』参照。
＊3　ウルカヌス星　シュタイナーの宇宙進化論で、第七惑星期の名称。『シュタイナー用語辞典』参照。

高次世界の現実

科学の限界

今夜のテーマは「高次世界の現実」です。何十年来の私の著述活動は、高次世界の現実についての問いに答えようとするものです。どのようにして高次世界の現実にいたるか、その方向を示唆することにしましょう。

人智学的精神科学は、高次世界にいたる道を示唆することなしに、高次世界の現実について語ることはできません。その道は、いままでの立派な科学の努力、科学精神をとおして形成されたものに対立しようとするものではありません。

さまざまな方面から人智学的探究の学問性が疑われるなら、その疑いは誤解に基づいていると思います。人智学は素人の無駄話ではありません。すでに確証された自然科学の観照方法が自然法則を明かすように、人智学は同様の科学的良心と内的な科学原則をもって高次世界・超感覚的世界に接近しようとします。ただ、自然科学と同じ厳密さで超感覚的世界に達しようとするなら、今日一般に科学的であると承認されている成果ならびに研究方法を越えていく必要があります。

人智学的精神科学の土台に立つ人々は、現代の科学すべてに精通します。現代科学は、感覚界を誠実に観察することをとおして発展しました。実験をとおして、そして、観察・実験によって明らかになるものを合理的に熟考することをとおして発展しました。現代の科学に取り組むことによって学べるものすべてを、人智学的精神科学は、今日すでに承認されている科学の成果と研究方法を越えていくときに携えていこうとします。

このように科学を越えていくのは、自然科学のなかで形成されてきた人間の探究能力が限界に達した、という認識に基づいています。自然科学的に探究する人は、人間の心魂の永遠の意味への問い、不死の問題、運命の問題、つまり高次世界への問いが現代の自然科学の探究領域外にある、ということをよく知っています。自然科学の考え方・認識能力は感覚的研究において形成されたものであり、感覚界を超え出ようとする瞬間に限界に達する、ということを人々は認識します。そのような限界が通常の人間の意識に存在するのを確かめるとき、人智学は現在一般に認められている研究成果を完全に了承しています。

記憶

この限界を哲学によって超え出ようとする努力が、たくさんなされています。人間の悟性と心情が感覚界の彼方に存在するものについて考えることすべてが、厳密な批判に耐えられない、空をつかむようなもの、不十分なものであることが明らかになります。悟性は、感覚が提供するものに寄りかかっていると感じます。私たちの周囲に広がる感覚界を突き破ろうとするとき、自らの通常の意識にとどまるなら、悟性はいかに内容を欠くかが感じられます。

なんらかの信仰に没頭することに立ち止まらず、科学に対して心魂と精神の要求を弁明しようと試みて、無常なものを超えたところにあるものについて知ろうとする深い心情は、今日しばしば神秘主義へと逃れます。外的な科学が与えることのできないものが、心魂のいとなみの深みに沈潜すれば与えられる、と彼らは思っています。人間の心魂の永遠の価値、永遠の意味、人間の心魂と神霊世界との関連を明かすものが心情の深みから流れてくる、と思っています。

しかし、もっと深い心魂学は、通常の意味の神秘主義には同意しません。もっと深い心魂学は、人間の記憶の秘境をすべて知っているからです。通常の意識は、記憶内容を繰り返し取り出してきます。それが健全な心魂生活には必要だからです。しかし、心魂の深みには、この記憶に混ざり込むもの、その本質を通常の意識が見渡せないものが数多くあります。

多くの神秘主義者が、高次世界の現われのように見えるものを心魂の深みから取り出します。しかし本当の心魂学者は、それが遠い幼年期の感覚界の印象にすぎないことを知っています。私たちが幼年期に無意識に心魂のなかに受け取ったものが、いかに変容して後年に再び現われるか、心魂研究家は知っています。多くの人が、神秘的なかたちで神の火花を心魂のなかに見出したと思うのですが、それは幼年期の体験が変容して心魂の深みから引き出されたものにほかなりません。

二つの断崖

これは私たちが真面目に高次世界の現実を、憧憬をもって探究するときに、私たちの前に現われる二つの断崖です。たんなる悟性的熟慮によって外的な感覚界を突破して彼岸にいたろうとする思弁哲学からも、人間の心情の深みから取り出される変容した記憶にすぎない神秘主義からも、真面目な精神探究者は身を守らねばなりません。

探究者は両側に、乗り越えることのできない境界を見出します。一方には、通常の意識では突き破れない感覚界、他方には、人間の記憶の世界があります。記憶の世界は健康な心魂生活のために存在しなくてはなりません。記憶の世界は内部に向けて境界を作ります。その境界は、イリュージョンとファンタジーによってのみ乗り越えられます。

人智学的精神研究は、この二つの断崖を通って、高次世界・超感覚的世界の本当の認識にいたろうとします。通常の生活と科学における普通の認識能力はこの二つの断崖に行き当たらざるをえない、と人智学は考えます。その認識能力によっては高次世界に入っていけない、と考えます。

ですから、人智学的な精神科学は通常の意識が気付かない、心魂のなかにまどろんでいる能力を意識に上らせ、育成します。そして、育成された能力をもって高次の現実の探究を始めます。この精神探究は曖昧な神秘性から出発せず、通常の生活能力から出発します。通常の生活能力を単に改造するだけでなく、本質的に別の能力にします。

誠実な精神研究者の注意は、まず人間の記憶能力に向けられます。記憶能力の限界は、いま話しました。記憶能力は通常の生活において、私たちが誕生、あるいは、もう少しあとの時点から経験・体験してきたものをイメージのかたちで、恣意的あるいは不随意に繰り返し私たちの心魂のまえに呼び出します。この事実は通常は、十分には心魂研究の対象とはされていません。人智学は、この事実の全体を人間の心魂に示します。

思い出・記憶におけるように、さまざまな表象・概念、つまり思考的なものを恣意的に人間の意識の中心点に置こうと試みます。思考力による修練をとおして最初の高次認識能力を育成しよう、と人智学は試みます。通常の記憶において示されるような思考力にとどまろうとはしません。曖昧な神秘主義で語られる恣意的な瞑想ではなく、内的にまったく規則正しい体系的な瞑想へと人智学は進みます。

瞑想

まず、原則的なことを示唆しましょう。個々の詳細を論じた私の本は『いかにして高次世界の認識に到達するか』と『神秘学概論』[*1]です。何十年も探究してきたことの原則を、きょう示唆しましょう。

人間の思考力は通常の生活ならびに慣例の科学におけるよりもずっと力強く発展するものだ、ということが重要です。仕事で筋肉を使うと、筋肉は強くなります。このように外的な生活で成し遂げられることを、精神探究者は心魂の力に関して体系的に果たします。

容易に見渡せる表象、あるいは容易に見渡せる表象複合を、まったき意識、まったき自由意志によって意識の中心に置きます。そして、しばらくのあいだ、そのように見渡せる表象に意識をとどめます。能力・集中力しだいで、長くかかる人も短い時間ですむ人もいます。

容易に見渡せる表象について、私は語っています。これは非常に重要です。私たちの通常の記憶から何かを瞑想・思考修練の対象として取り出すと、うまくいきません。私たちの思考内容から取り出すもののなかには、追憶、無意識的な生活の印象がたくさん含まれており、それが、私たちが思考の修練をするときに作用するからです。

人智学的な瞑想では、無意識から何も働きかけてはなりません。すべてが見渡せなくてはなりません。すべてが完全に思慮深くなくてはなりません。ですから、人智学的精神科学において探究者になろうとする者は、経験を積んだ探究者に相談して修行を指導してもらうよう勧められます。私たちがさまざまな方法で探求したことを行なうと、それは何か新しいものとして私たちの意識のなかに現われます。それは私たちに対峙する感覚的経験と同様、私たちの心魂の深みから上ってくるのではなく、新しいものとして私たちの心魂のなかに入ってきます。

そのような表象内容から何かを得ることが問題なのではありません。新しい感覚経験が私たちの意識のなかに入ってくることが大事なのです。その新しい経験に私たちの心魂の力をとどまらせることが大事なのです。筋肉を使って仕事を果たすように、私たちはそのような表象に内的に集中するとき、心魂の力を用います。

私が修行について本に書いたことをよく考察すれば、暗示や自己暗示にかかることはありません。私たちはこのような思考の修練を行なうとき、私たちの意志を完全に発揮します。しばらく経つと、内的な心魂の力が強まったのが感じられるでしょう。

この修行は一日に長時間おこなう必要はありませんが、何度も繰り返さねばなりません。長い期間を要する人もいますし、数か月で著しい成果を上げる人もいます。多くの人が何年もかかります。しかし原則的に、各人の心魂の力、特に思考の力が、このような修練をとおして強まります。そうして最終的には、イマジネーション思考へと進む地点に達します。

＊1　『神秘学概論』Die Geheimwissenschaft im Umriss 人間論・宇宙進化論・修行論を扱ったシュタイナーの主著の一つ（一九一〇年刊）。邦訳、イザラ書房、筑摩書房、人智学出版社、せらひうむ。

内的な生気

そのようにして形成されるものを、私はイマジネーション思考と名付けました。修練を行なう者は、通常の生活と科学において思考が屈服している抽象性と理知主義から思考が抜け出るのに気づきます。純粋に内的な思考が次第にイメージに照らされ、生命によって暖められます。その生気は、外的な感覚的印象に面して私たちが体験する生気に等しいものです。よく注意することが重要です。私たちが注意を外的な感覚印象に向けると、すべてがあざやかです。私たちは自分の全体で、この外的な感覚印象に没頭します。

しかし、私たちが注意を感覚印象からそらし、通常の生活と科学における思考に没頭すると、その思考は色あせており、あまり熱を持っていません。抽象的思考が色あせている、というのは正しいことです。通常の生活と科学において展開する思考は、ほとんどすべて抽象的です。私たちが外的な感覚的現実に没頭しているときに展開する思考だけが完全に充実しています。

私が示唆した思考の修練を行なうと、まず内的な体験に際してこの生気に満ちます。

イメージ的・イマジネーション的に思考するにいたります。ただ、このイマジネーション思考においては、外的な精神的現実に相応するものが最初は現われてこない、ということを明らかにしておかねばなりません。つぎのような内的な経験をすれば、次第にイマジネーション思考の現実的・客観的な意味に気づくでしょう。

小さな子どもの脳が人生の経過のなかで次第に見事な器官に形成されていくのを、みなさんは知っています。「脳は塑性を有する器官である。心魂のしなやかな力が脳回など構造全体のなかに表現されるのに脳は耐えている」と言うことができます。これが幼年期に生じることです。脳の形成は、私たちが通常の発育と教育によって到達する地点で止まります。私たちはこのようにして得たものによって、通常の生活をうまく過ごそうと試みます。

子どもは年々発育していくことによって、ますます有能になっていきます。人間はイマジネーション認識に向けて努力すると、また、ますます有能になっていくのを体験します。私がいま述べた思考の修練をとおして、塑性のあるものが内的に手を加えられます。手を加えられるものは超感覚的なもの、物質的身体から抜け出た心魂的・精神的なものである、と修行者は感じます。幼年期に物質的な脳に溝が作られたのと同じように、いまや心魂的・精神的なものが溝を付けられる、と私は言いたく思います。

しばらく経つと、自分が外的・内的な認識の限界に対して今までとは異なった状態になるのを感じます。精神探究者は認識の限界について語る人々がいることを納得しますが、新たに発展した能力をとおして、その認識の限界を次第に越えていけると感じます。

この内的な体験、内的な発展の成果として「感覚界に立ち止まるな。感覚界を突き抜けて、自分の内面を見ようとするとき、イメージ的思考・生命的思考をとおして、通常の自然科学が経験しないもの、通常の神秘主義においては単に幻想的に心魂のまえに呼び出されるものを私は体験する」と感じると、本当に高次世界にいたる道を進んでいることが確かになります。

記憶の画像

最初は、まだ外的なものが自分の前には現われません。古くからの力が強まっただけです。しかし、まもなく、自分の意識のなかで何か本質的なもの、重要なことが生じているのに気づきます。誕生から今までの人生全体に及ぶ内的観照が次第に現われてきます。超感覚的現実として、「誕生以来の自分の内的ないとなみを見渡す画像」を最初に体験します。かつて思考によって外的対象ならびに内的体験に持った関係とは異なった関係を、いま外的に知覚するこの大きな画像に対して持ちます。

通常の生活において、人間は思考を発展させます。人間は何かについて思考します。思考は心魂のなかにあります。思考は主観的です。他のものは客観的で、外にあります。人間は自分の思考活動が外にあるものから切り離されているのを感じます。

いま人間は、誕生以来の自分の心魂のいとなみの画像を眼前に見ます。思考がそのなかに入っていきます。自分がこの画面のなかにいるように感じます。「いま私は初めて、本当に自分を把握しはじめる。自分の意識のまえに客観的に現われるものに、私の思考を手渡さねばならない」と思います。

これは人智学的な精神探究者に苦痛を体験させます。そのような苦痛を、人智学的な精神探究者はさまざまな方向で体験しなくてはなりません。内的な困難・苦痛を体験することを嫌がってはなりません。

人間は人生の画像に面して、内的な重苦しさのなかで自分の本質を感じます。気楽に自分の本質を感じ取るのではありません。自分を苦しめるもののように、自分の本質を感じるのです。

普段、人間は手軽に思考・表象を抱き、感情・意志衝動・願望などが私たちのなかにあります。重苦しさがなければ、人間は思考内容を有するだけで、現実を体験しません。以前に自由に展開した思考のいとなみすべてをこの重苦しさのなかに運び込むことによって、イマジネーション認識による幻覚や幻想の展開から守られるのです。

しばしば人々は、「君たちのいう修行によっては幻覚・幻想が展開されるだけだ。人智学的精神科学は、いわば抑圧された神経の力を意識の表面にもたらしているのだ。人智学的精神科学は高次世界について語っているというが、実際はどうなのか、だれにも証明できない」と言います。

私がきょう述べたことに注意を向ける者は、人智学的精神科学の道は幻覚・幻想・霊媒主義へと導く道とは正反対である、と感じるでしょう。霊媒主義・幻覚・幻想へと導くものは、病んだ身体器官に由来します。さまざまな身体器官の精神的・心魂的部分が、病的なかたちで意識のなかに吐き出されるのです。それらは感覚感受の下方にあります。それに対して、イマジネーション認識として形成されるものは通常の感覚知覚の上方にあります。それは病的な内面ではなく、客観的なものにおいて形成されます。

ですから、人智学的な精神探究方法に対して病理学的な非難を投げかけるのは、完全な誤解です。完全に自由な意識でイマジネーション認識を把握することによって、幻覚・霊媒主義の正体をはっきりと見通すことができるのです。幻覚の場合のように自分の心魂を身体のなかに押し込むのではなく、心魂を修行によって身体から取り出して、自分の人生を誕生まで画像で見渡すにいたった人は、あらゆる精神病質を完璧に退けます。

エーテル

いま私が述べた現実によって、私たちが地上生活を始めて以来、私たちの人体の構築に協力した生命的な力を本当に把握できます。そのように現われるものは、私たちの成長力や滋養のなかにも働く力の総体にほかなりません。ですから、このようにして発見される、人間のなかで超感覚的に作用するものを、人智学的精神科学は「エーテル体」あるいは「形成力体」と呼びます。この「地上的身体の形成に体系的に働きかける、人間存在の高次部分・超感覚的部分」を、私たちは知ります。自分のまえに現われた画像のなかで、通常の思考におけるように浮動せずに、重い気分で現実を感じ取ると、「私が内に見るものは、無意識に私の体のなかで活動しているものと同じだ」と気づきます。

人智学的精神科学が語る超感覚的なエーテル体＝生命体は、空想的に考え出されたものではありません。エーテル体は、かつて仮定された生命力とはちがいます。生命力を科学が否定したのは正しいことです。エーテル体は現実的な観照において明らかになるものであり、外的な感覚界が一個の現実であるように、強化された表象のいとなみにとって一個の現実です。

私たちをこの現実へともたらすのは、曖昧な神秘主義ではなく、まったく正常な思考能力の強化です。正常な思考能力が、自由で純粋に精神的・心魂的な個我へと通じます。それが、最初の高次の現実を私たちの心魂にもたらします。

しかし私たちは、自分自身の生命を時間の経過のなかで画像のように見渡し、超感覚的世界への道をさらに進まねばなりません。私たちがさらなる修行をとおして心魂のなかにまどろんでいる力を取り出すことによって、前進が可能です。

ご存じのように、人間は記憶、つまり表象を保持するだけでなく、忘却もします。通常の人生において、忘却によって私たちの悲痛はしばしば軽減されます。思考のなかに生きる者は、思考内容が人間を悩まし、思考内容を完全に抑圧するには努力を要するということを知ります。

いま述べたように体系的な瞑想を行ない、内的な深い思考を発展させたときには、特に大きな努力が必要になります。なんらかの表象を意識の中心に置き、表象の力を強めると、その表象はすぐには消え去ろうとしません。その表象が私たちにのしかかります。その表象を抑えるには、ふたたび体系的な修練が必要です。私たちは忘却の修行、存在しようとする表象を抑制する修行をしなければならないのです。

表象の抑制

表象を抑える力を強めるための修行については、先に挙げた本に述べてあります。表象を抑制する修行を長期間おこなうと、目覚めているときに意識がまったく空っぽになるにいたります。これは大事なことです。

ふつうの生活をしている人々は、意識をまったく空っぽにしようとすると、しばらく経つと眠ってしまいます。瞑想によって強められた表象で意識を満たすと、意識を空っぽにするのが困難になります。しかし、その修行をしなければなりません。

そうすると、個々の表象を抑圧したり、個々の表象に対して意識を空にしたりするだけではなく、たゆまぬ努力をとおして、いままでの人生の画像全体が意識から取り出されるにいたります。全生涯が、時間になった空間、あるいは空間になった時間のなかに存在します。いままでの人生の画像全体が私たちのまえにあります。私たちはこの画像を見たあと、修行をとおして、この画像を意識から消し去る能力を得ます。意識を空っぽにしながら、意識を目覚めさせておく能力を得ます。

これは高次世界の現実への途上で非常に重要な段階です。まず私たち自身の人生の画像、私たちのエーテル体の観照で満たされたあと、意識を完全に空っぽにすると、私たちは無のまえに立ちます。

そのとき、感覚界が私たちの周囲には存在しないことを、私たちは認識します。夢のない深い眠りにおけるように、感覚界は私たちのまわりに存在しません。

私たちがいままで知らなかった世界、超感覚的な存在と超感覚的な経過が現われてきます。私たちは自分の人生の画像を意識から追い払ったあと、超感覚的世界を発見します。この努力によって出現するものを、たんなる追憶・幻想だと言うのは不合理です。これを実際に体験する者は、現実に向き合っていることを知っています。外的な感覚界に面するときに、現実に向き合っていると分かっているのと同様です。

幻覚・幻想を抱くと、通常の意識を失います。通常の思慮深さはなくなって、幻覚のなかに生きるようになります。いま述べた方法で修練した人は、健全な悟性を失いません。通常の思慮深さを失いません。以前に持っていたものすべてを保持します。いま現われる新しい世界、超感覚的世界から、かつて有していたものをいつでも振り返ることができます。記憶を振り返るように、通常の生活・科学で意識に取り込んだものを振り返ることができるのです。

ですから、修行する者は自分の意識的な思考、意志に貫かれた思考を、超感覚的世界を知覚するときに携えていくことができます。通常の科学が感覚界について語るように、超感覚的世界について悟性的・理性的に語ることができます。高次世界を通常の悟性、通常の科学的方法で叙述するので、だれもが理解できます。精神探究者・人智学者でなくても、健全な悟性で判断する人は理解できます。人智学的な探究者は、この健全な悟性を高次世界を認識する際に発揮するので、彼が伝達することを理解するためには精神探究者になる必要はないのです。精神探究者が伝達することは、健全な悟性で理解可能です。地上生活に関するイマジネーション思考についてのみ、そう言えるのではありません。いま述べた認識段階、インスピレーション認識の段階まで、そう言えるのです。

インスピレーション

このような表現に躓かないように、お願いします。迷信や伝説のことを言っているのではありません。インスピレーション（中に吸い込む）と名付けたのは、空気が外界から私たちの呼吸器官のなかに入ってくるように、超感覚的世界が通常の心魂世界のなかに入ってくるからです。

精神探究者がインスピレーション認識に没頭すると、つぎのような状態になります。まず、通常の心魂状態から出発しましょう。最初に、意識を空っぽにする能力を身に付けます。自分がいる時空で、意識を空っぽにする可能性を引き起こします。そうすると、なんらかの起点から、超感覚的世界の存在・経過が現われてきます。

インスピレーションというのは、息を吸うようなものです。精神世界が通常の世界のなかに吸い込まれます。通常の意識を回復し、通常の意識によって精神世界について判断する力を私たちは持たねばなりません。絶えず精神世界を吸い込んでは吐き出すのです。絶えず通常の意識に帰ってくるのです。通常の意識が、人間を精神世界に対しても思慮深くします。

今日の精神探究者は、過去の民族、特に太古の人々と同じ方法で高次の超感覚的世界に突き進むことはできません。東洋の民族が高次世界に突き進んだ方法が伝承されており、西洋人とは身体組織・身体構造が異なるアジアで、今日でも、退化した形のヨーガとして修行されています。これは西洋人に恩恵をもたらすものではありません。ヨーガの修行は、本能的・無意識的に経過するものです。私が述べたことは、完全な意識と意志を伴って経過します。

とはいえ、かつて人類が本能的に生きてきた時代に人々が高次世界に上昇しようとした方法から、私たちは何かを学ぶことができます。

ヨーガの修行において、インド人は呼吸を規則正しくしようとしました。通常の呼吸ではなく、規則正しい、秩序ある呼吸をしました。通常の呼吸は無意識に経過する単なる有機的プロセスですが、ヨーガ行者は常に意識を伴わせた呼吸をします。「吐いて吸う、吐いて吸う」というリズムを体験することによって、ヨーガ行者は宇宙のリズムに順応します。そして、肉体の呼吸リズムをとおして、精神世界の呼気・吸気のリズムに精通していきます。これは西洋文明にも適していません。人間は実際にリズムに精通していきます。普段なら地上存在である者が、超感覚的世界・高次世界に面して絶えずインスピレーションを受け取ることができます。この超感覚的な高次世界とはどのようなものでしょうか。

高次の現実

人間は、地上に存在するあいだ自分のなかに働くエーテル体・形成力体を認識することを学びました。そのエーテル体・形成力体を人間は抑制しました。そして、新しい世界を発見しました。その新しい世界のなかに生きるにしたがって、感覚界は存在しなくなります。感覚界は、一つの思い出としてのみ存在します。

しかし、人間は自分が発見した新しい世界のなかに、高次の現実を見出します。エーテル体・形成力体が物質的身体に浸透しているように、高次の現実がエーテル体・形成力体を貫き、浸透します。

人智学的精神科学が語っているのは空想ではなく、高次の現実にいたる緻密で体系的な道です。この方法によって人間のアストラル体が見出されます。アストラル体はエーテル体・形成力体に浸透するのですが、アストラル体自体は別世界に生きています。アストラル体が個我とともに生きる世界を探求すると、精神的・心魂的世界が見出されます。

人間はこの精神的・心魂的世界から、誕生あるいは受胎をとおして、父母が与えた物質素材に結び付くことによって、地上に下ってきます。人間の永遠・不死の存在の核が見出されます。不死の核を直接観照できるよう、人間は修行します。そして、その観照は人間の健全な悟性によって検証できます。

汎神論者のように、すべてに浸透する漠然とした精神界について語らずに、精神的・心魂的世界を個別に叙述すると、人々から悪く言われます。私が『神秘学概論』に書いたように精神的・心魂的世界を叙述すると、悪く言われます。精神的・心魂的世界から私たちは誕生をとおして物質界に下りました。そして、死の扉をとおって、また精神的・心魂的世界に上っていきます。私たちは精神的・心魂的世界を、思弁や曖昧な神秘的感受によってではなく、厳密な規則のある観照をとおして、現実のものとして発見します。

簡単な譬えによって、どのように精神的・心魂的世界を叙述できるか、説明したく思います。みなさんは、通常の思い出、通常の記憶を眺めると、何を体験するでしょう。みなさんは生活のなかで、さまざまなことを体験してきました。とっくに過ぎ去ったこと、もはや外的なリアリティーではないものが、みなさんの記憶のなかにイメージとして存在しています。そのイメージから、みなさんは体験を再構築します。

そのイメージは外界から皆さんのなかに入って変容し、心魂の内容になりました。私たちは心魂の内容から絶えず記憶の世界、つまり、かつて私たちが関わった外的な体験の世界を構築します。内面が表象・心情・意志要素において把握されます。内面を把握することによって、外的な体験の世界が心魂のまえに現われます。

イマジネーションとインスピレーションによって、人間は何を把握するでしょうか。

高次世界への参入

たんに地上生活において受け取ったものを把握するのではなく、人間全体を把握するのです。人間の器官すべてのなかに形成力体が作用しており、それが生涯にわたって活動するのを人間は認識します。誕生・受胎前に、アストラル体が精神的・心魂的世界で私たちの永遠の存在の核を担っているのを、人々は認識します。アストラル体が私たちのなかに進入し、私たちのなかで作用するのを認識します。

人間は、いわば透明になります。人間は自分の物質体を、精神の作用として認識することを学びます。私たちは自分の記憶を眺め、自分の地上生活を構想します。そのように、自分の内面をもっと深く眺めて、地上生活における精神的・心魂的なものだけを把握するのではなく、私たちの器官がどのように構成されているか、エーテル体・アストラル体・個我がどのように物質的身体に織り込まれるかを把握すると、私たちは記憶をとおしてエーテル体のなか、大宇宙のなか、宇宙体験のなかに出ていけます。人間は、自分が結び付いている世界のなかで精神的・心魂的・物質的に生じたことすべてを体験していたからです。

いま述べた方法で人間が自らを眺めると、どのような出来事をとおして自分が発展してきたか、どのような出来事をとおして人間存在全体が宇宙のなかで発展してきたかを認識できます。

これを十分に把握する人は、私が『神秘学概論』のなかで述べたこと、人間は元来、地球と結び付いていただけでなく、地球のかつての変容体としての惑星世界と結び付いていたということを、変に思わないでしょう。また、地球が別の惑星状態に変化していくのを人間が内なる素質をとおして見通すということを、変に思わないでしょう。人間が実際に高次世界に参入して、地上に広がっている通常の世界は高次世界・超感覚的世界の作用だと認識できる、ということを変だと思わないでしょう。

このような研究成果にいたるために人智学的精神科学が行なう労苦を知る必要があります。人智学的精神研究が高次世界の現実について語ることは、なんらかの思いつき、主観的な悟性の熟慮、あるいは幻覚から物語られている、と思われることがしばしばあります。そうではありません。たとえば臨床医学、天文学を学ぶのは困難なことです。しかし、高次世界の観照にいたるために人間が内的に獲得する必要のあるものは、もっと困難なものです。専念と入念さ、内的な誠実さと方法論がもっと要求されます。

ここで述べている真面目で誠実な精神科学は、ふつうのオカルティズムや神秘主義などとはまったく異なります。精神科学とオカルティズムの関係は、科学と迷信の関係と同様です。ふつうのオカルティズムは、霊媒を使ったり、びっくりするような表面的事実を素人が集めたものによって認識にいたろうとします。この現代の迷信の特殊形態は、良心的で真面目で誠実な精神研究によって克服されます。

苦痛

このような方法で人間がインスピレーション認識にいたり、同時に、受胎・誕生によって去った世界、死後にふたたび歩み入る世界にいたるとき、通常の意識に反映されるとペシミズムと思われるものを体験します。超感覚的なものはすべて、通常の意識においては非常に不明瞭な感情のように思われます。なぜ、ペシミズムなのでしょう。精神探究者は高次世界に入ると、深い苦痛、大きな欠乏のようなものを感じるからです。私が本に書いた修行をとおして、その苦痛をしっかりと担うための準備をしなければなりません。

どんな苦痛でしょう。その苦痛は現実的なものである、と認識しなければなりません。この苦痛は、本来は強烈な憧憬です。それは、誕生をとおして心魂を精神世界から物質存在にもたらす力を体験することにほかなりません。

心魂が精神世界のなかで生きたあとに、物質存在へと下ってくるまえに過ごす最後の時間を、心魂は物質界への憧れとして体験します。精神科学においては、何かを単に抽象的・理論的に体験することが大事なのではありません。全身全霊をもって、感情と意志をもって精神科学に取り組むことが、高次世界への道において重要です。

人智学的な道で超感覚的世界に参入するためには、理論では不十分です。精神探究において体験されねばならないものは、あらゆる段階で道徳的な準備を要求します。人間の全体、身体・心魂・精神を道徳的に確固としたものにするには、超感覚的世界の現実に到達するための修行が必要です。たんなる理論家には、超感覚的世界は明らかになりません。

全身で善良に世界を感受し、世界を美的に把握し、宇宙の秘密に宗教的かつ敬虔に沈潜する力のすべてを自分の心魂のなかで生きいきとさせる者、人間愛と宇宙愛を内的な熱の力にする者だけが、高次世界の現実に突き進むために必要な規律の確立にいたります。ですから、精神科学の道を通って高次世界に行くための修行には道徳的な面があり、それは価値あるものだということを、多くの人が了承するでしょう。これは、超感覚的世界にいたる認識の道を歩もうとしない人も認めるでしょう。科学の時代に高次世界に導くのはこの道だけです。

個我

イマジネーション、インスピレーションを通過していくことによって、人間は初めて自らの自己に達します。しかし、自らの自己も周囲の世界に献身しなければなりません。思考はイマジネーションにおいて、客観的なもののなかに流れ出なければなりません。

この思考を、私たちはあらゆるところに運んでいきます。私たちは慎重な思考を、超感覚的世界のあらゆるところに伴っていきます。

同時に、自分全体が超感覚的世界の現実に帰依しなければならないことに、私たちは気づきます。しかし、インスピレーションののち、私たちの努力と体験をとおして、私たちの中心点である個我を強く感じるにいたります。ここで、自由の体験と自然の必然性との調和・合一を人間は認識できます。

私たちは通常の生活において、自然の必然性のなかに紡ぎ込まれています。「意志衝動のなかに生きるものが、罪深いものから善なるものへと上昇することはある。それでも、意思衝動は心魂のいとなみの意識下の深み、本能的・衝動的なものから現われてくる」と、私たちは感じます。私たちは眠ってから起きるまでに体験するものをわずかしか意識的に見渡せませんし、私たちの意志衝動のなかに生きているものをわずかしか見渡せません。しかし、そこにこそ、私たちの意識的な道徳生活のなかに現われてくるものの多くが存在しているのです。

インスピレーションとイマジネーションを通っていく者は、努力によって個我を強化します。自分の個我を集中的に体験します。個我を外界に引き渡し、外界に流し出すように体験するのですが、個我がふたたび自分に返還されるのを体験します。

偏見に満ちた自然科学的見解のように、「石を地面に落とす自然の必然性、日光が石を暖めるという自然の必然性、電気や磁気、音響現象、光学現象のなかにある必然性が、人間が行動するとき、人間が意志衝動を発展させるときにも存在する」と言うことはできません。通常の科学と生活においては、この問題に関する疑いを越えていくことはできません。

自由

一方には、私たちが意識する、人間の自由が存在します。今日の自然科学者、力と素材の総量は保存されると信じる人は、人間の自由を否定するにちがいありません。人間の意志衝動も人間の行動も自由な意志から発していない、と思います。自然界のあらゆる存在同様、人間は自然の必然性の支配下にあるというのです。

人間は本当の個我をもっと強く体験すると、インスピレーションとイマジネーションよりも高い認識に到達します。インテュイションです。精神的現実のなかへの沈潜です。

ここで、輪廻転生の本当の意味が明らかになります。自分の意志・行為において必然的と思われたものが、前世の出来事の結果であることが明らかになります。人間の永遠の存在の核が地上生を繰り返していきます。そのあいだに、死から再誕までの精神的・心魂的世界での生があります。そして人間は、「人生から人生へ続いていくもの、私たちの個我と意志衝動は、外的な自然の必然性ではなく、輪廻を通っていく必然性の下にある」と認識します。

私たちの通常の意識の思考は最初、この必然性を見通せません。しかし、私たちの思考はこの必然性から取り出されて、『自由の哲学』[*1]に書いたような、自由な、感覚から自由な思考を個々の地上生において発展させます。これが私たちの自由の基盤になります。自由な思考力によって把握される道徳衝動へと高まる努力をすることによって、私たちは地上で、誕生から死まで自由な人間になります。私たちのなかに生きる必然性つまり運命は自然的必然性なのではなく、輪廻を通っていくものです。

これも、超感覚的認識の第三段階、インテュイションにおいて明らかに観照されます。個々の地上生における自由と、運命の必然性と私たちが感じるものとが調和して、私たちのまえに現われます。運命の必然性は、外的な自然の必然性でも、人生の自然な状態でもなく、前世からやってくるものです。それによって私たちは不自由にはなりません。

私たちがヨーロッパからアメリカに引っ越したとき、新しい活動の場が以前の活動の場に依存していることによって不自由にはならないのと同じです。

船に乗って新しい土地に移るのは私たちの運命ですが、ヨーロッパからアメリカに移っても私たちは自由です。輪廻転生における必然性と、個々の地上生における自由を見ると、私たちは必然性と自由を区別できます。

高次世界を見上げると、地上生の意味が示されます。そうして、人間的な確実さが私たちに与えられます。私たちは地上にしっかりと立とうとするなら、高次世界への憧れを感じなくてはならないのですが、単にその憧れに捉えられるのではありません。神的・霊的なものは、いつも私たちのなかにあるからです。私たちは、神的・霊的なものとの結び付きを持たないと、地上生活において不確かになります。

私たちは人智学的な意味で高次世界の現実を認識することによって、世界から逃避的になったり、世間離れしたりしません。私たちは自分の本質のなかに次第に自由を受け入れるために、繰り返し地球に下らねばならないということを知っています。私たちは精神的な意味で、高次世界から、高次世界の現実から大きな運命の問いを読み取るとはいえ、自由の意識が私たちに浸透します。

＊1 『自由の哲学』 Die Philosophie der Freiheit シュタイナーの哲学上の主著（一八九四年刊）。邦訳、イザラ書房、人智学出版社、筑摩書房他。

精神科学の応用

私が述べたことから、この精神科学、つまり超感覚的世界の人智的研究が世間離れしたもの、非実際的なものではないということがお分かりになったと思います。人智学は人間を空虚な夢想郷に導こうとしているのではありません。人間を世間知らずにするのは、精神に対して罪深いことだと思います。

精神の力を把握し、精神に貫かれることによって実践的な人間になるときにのみ、私たちは精神を正しく把握しています。精神は創造的なものです。精神の課題・使命は、物質存在に浸透することであって、物質存在を避けることではありません。ですから、超感覚的世界の人智学的認識は、本当の生活実践になるのです。人智学は、高次世界の現実から感覚的・物質的世界に向かって述べることがらによって、実生活も実り豊かにするよう努めます。

人体を、イマジネーションによって知覚できるエーテル体・形成力体から把握し、無常な人体の肺・肝臓・胃・脳などの実相を、精神的・心魂的世界から下ってきたアストラル体から把握します。そうすると、健康と病気を理解できます。超感覚的世界の認識をとおして、認識の満足だけが得られるのではなく、医学的・治療学的な知識も得られます。

シュットゥットガルトとスイスのドルナッハに、私たちは医学・治療研究所を作り、超感覚的世界の人智学的認識が医学・治療・病理学のために行なう提言を実際に役立てています。

芸術においても、人智学は高次世界で把握したものを実り豊かにしようとしています。ドルナッハのゲーテアヌム・精神科学自由大学では、人智学的見解から新しい建築様式が創造されました。この建築様式は象徴的・寓意的なものではありません。象徴や寓意ではなく、すべてが本当に芸術的な形態のなかに流れ込んでいます。

精神科学は理論ではありません。精神科学は単に知的なものを把握するのではありません。知的なものを芸術的に利用すると、寓意的で貧弱な象徴になります。

精神科学は本当の観照、精神世界の具体的な把握に導きます。そして、その内容を物質に関係させることができます。

ゲーテが芸術に求めたことを、私たちは探求します。ゲーテは自然科学論文のなかに、「芸術は秘められた自然法則の開示であるべきだ。自然法則は芸術なしには開示されない」という意味の文章を書いています。

同様に、人体のなかで作用する形成力、超感覚的に人間に作用するものから、私たちは運動芸術、オイリュトミーを形成しようとしています。これは舞踏芸術ではありません。パントマイムではありません。オイリュトミーは超感覚的なものから感覚的な人間のなかに取り出されてきたものであり、人間が内的に宇宙全体の法則と結び付いていることを示します。人間が言語や歌をとおして内的な心魂と精神の秘密を表示できることを、オイリュトミーは示します。

精神科学は、社会的・道徳的・倫理的生活にも働きかけます。それを私は『社会問題の核心』[*1]で示そうと試みました。人間の社会的関係は、マルクス主義や唯物論の方法では決して把握されません。人間は内的に精神的・超感覚的存在であります。また、社会的存在であり、超感覚的なものを社会のなかで有効に形成する必要があります。そうすることなしには、今日の差し迫った社会問題の生産的な解決にはいたりません。

＊1　『社会問題の核心』Die Kernpunkte der sozialen Frage 社会有機体三分節を説くシュタ

イナーの社会論（一九一九年刊）。邦訳、イザラ書房、人智学出版社。

宗教

たんなる信仰ではなく、研究の途上で、人智学的精神科学が探求する高次世界への道すべてが、人間の求める最奥のものと関連します。神霊的な宇宙の根底と関連し、宇宙の根底への敬虔な帰依と関連します。人間が最奥で展開しなければならない宗教的感受・宗教的いとなみと関連します。ですから、超感覚的世界の人智学的認識は、宗教生活を活性化し、実り豊かにします。偏見のない人は、私たちが今日、宗教生活を必要としていることを認めるでしょう。

神学者が人智学の精神探究に対して、人智学は宗教生活を抹殺すると論難するのを、私はよく理解できません。「人智学のいとなみは宗教の死を意味する」と言われます。人智学は、宗教的な力を発展させる人間の心魂のいとなみに関連しています。

超感覚的な現実を人智学的に探究することは宗教の死を意味するのではなく、「人々が宗教だと思っているもの」の死を意味するのです。人々が宗教だと思っているものは、すでに絶滅したものです。人智学はすでに死滅したものを指摘します。遺体を眺めるようなものです。

人智学は超感覚的現実への生命的な道なので、宗教的感受を高め、超感覚的世界への帰依によって人間をいきいきと宗教的に貫きます。

このように人智学は、さまざまな領域、世俗的な領域にも宗教の領域にも実りをもたらします。世俗的な領域でも宗教的領域でも、人類の進化に寄与するのが人智学の目的・理想であり、それはすでに達成されつつあります。

一九一〇年代の破局的な時代を、*1 偏見なく目覚めた意識で体験した人は、今日さまざまな領域で改新が必要だ、ということを認めるでしょう。

自らの永遠の本質を意識するときにしか得られない内的な確実さは、生活のなかで育成されます。人間が都会生活から離れると、静かな山小屋のなかで育成されます。人間は本当の意味で人間であろうとするなら、自らの本質のなかの永遠なるものにいつも触れていなくてはなりません。これは人間の大きな要件なので、人間一般にとって大いに関心のあるものです。

しかし、非常に多くのものが没落した現代には、没落の力に対して、西洋文明上昇の衝動が再び必要であることを、人々は認めなくてはなりません。永遠なるものに注目する人智学は、重い時代の課題も考慮しなければなりません。

人智学は人間を、世間離れした神秘主義的な夢想郷に導こうとするものではありません。人間が精神を把握して、実際的に物質生活に関与できるようになるために、人智学的精神科学は人々を超感覚的世界の現実へと導こうするのです。人間は人生を確かなものにするために人智学的精神科学を必要とします。超感覚的な世界との接触、自分の内の永遠なるものとの接触のために、人智学的精神科学を必要とします。

しかし今日、この破局的な時代にいる私たちには、重い時事問題の解決も特に必要です。

＊1　一九一〇年代の破局的な時代　一九一四〜一八年の第一次世界大戦と戦後の時代。

補遺

地球の内部

地中の九層

あらゆる時代の神秘学は、地球の内部について、つぎのように語っています。地球はいくつかの層からなっている、と考えねばなりません。しかし、それらの層は玉葱のように互いに分かれているのではなく、柔らかく混ざり合っています。

一番上の層をなしている鉱物質量は、卵の殻に比較できます。この一番上の層は、「鉱物地球」と呼ばれます。

その下の層は、地球のどの物質とも比較できないもので、「液体地球」と呼ばれます。液体と言っても、私たちの考える液体とはちがいます。私たちが普通考える液体は、鉱物的なものです。しかし、この層は特別の特徴を持っています。この物質は霊的な特徴を持ちはじめるのです。この層は、生命的な実質が集められると、すぐにその生命を放り出し、絶滅させます。神秘学者は純粋な集中をとおして、この層を探究することができます。

第三の層は「空気地球」です。これは感覚を破壊する実質です。例えば、ある苦痛を感じると、それを快感に変化させます。その逆のことも行ないます。第二の層が生命を消し去るように、この層は現に存在する感覚を消し去ります。

第四の層は「水地球」あるいは「形態地球」です。この層は、神界で霊的に生じるものを物質的に形成する実質からできています。この層には、物質的な事物の陰画が存在します。ここでは、なにかを壊すと、その陰画が生じます。形は反対のものに変化するのです。あらゆる事物の特性が、事物から分離して周囲に移行します。対象を受け入れる空間自体は空虚なものです。

第五の層は「果実地球」です。この実質は、はちきれんばかりの成長のエネルギーに満ちています。その各部分は海綿のようにすぐに成長して、どんどん大きくなり、上方の層によってのみ押さえられています。この実質は、先に述べた層の形態を支える生命として作用しています。

第六の層は「火地球」です。火のような感情と意志を、この実質は持っています。この実質は痛みを感じます。もし踏みつけられたら、叫ぶことでしょう。この実質はまったく激情からできているのです。

第七の層は「地球鏡」「地球反射鏡」です。この層の実質に集中すると、地球の特性すべてが反対のものに変わるので、この名が付けられています。上にあるものすべてを見ようとせず、直接この層を透視すれば、例えば何か緑のものを前に置くと、その緑は赤として現われます。どの色も反対色で現われます。反射されて、反対のものに変わります。悲しみは、この実質によって喜びに変わります。

第八の層は「粉砕」です。精神の力によってこの層に集中すると、注目すべきものが示されます。例えば、あらゆるものが無数に複製されていきます。しかし、本質的なことは、この層は道徳的な特性も破壊することです。地球の表面に放射する力をとおして、地上に戦いと不調和を引き起こすのはこの層です。この層の破壊的な力を克服するために、人間は調和的に共同しなければなりません。人間がみずから調和を発展させることができるよう、この力は地球のなかに秘められたのです。すべての悪は実質的にここで準備されます。好戦的な人間は、特に強くこの層の影響を受けているのです。神秘学に携わっている者たちは、そのことを知っていました。ダンテは『神曲』のなかで、この層を「カインの奈落」として描いています。カインとアベルの戦いは、ここに由来するのです。この層が実質的に、悪を世界にもたらしたのです。

最後の層は「地核」です。地核の影響によって、世界に黒魔術が発生します。この層から霊的な悪の力が発しているのです。

人間はこれらの層すべてと関係している、と推測できると思います。これらの層は絶えず力を放射しています。人間はこれらの層の影響下にあります。人間はこれらの層の力を、絶えず克服しなければなりません。

いつの日にか、人間が地上に生命を放射し、生命的な空気を吐き出すようになると、人間は「火地球」を克服します。人間が苦痛を平静さによって精神的に克服すると、空気地球を克服できます。人間が一致協力できると、「破壊」を克服できます。白魔術が勝ったとき、世界には悪がなくなります。人間の進化には、地球内部を改造するという意味があるのです。最初、地球は進化するものすべてを阻みます。最後には、地球は人類の力によって変化し、霊化されます。こうして、人間は自らを地球に分け与えるのです。

アストラル界

善なるアストラル界と悪しきアストラル界

アストラル界は、より高次の世界つまり神界とは非常に異なっている、ということに注意しなくてはなりません。物質界が存在しているところに、アストラル界も存在しています。アストラル界は物質界に浸透しています。私たちの周囲、つまり物質的存在がいるのと同じ空間のなかに神界もあります。私たちは神界を、アストラル界とは異なった意識状態で体験します。

「ここは物質界で、アストラル界や神界に浸透されている」と、安易に信じられるかもしれません。

そう簡単ではありません。高次世界を正確に叙述しようとするなら、アストラル界と神界には区別がある、ということを明らかにしなくてはなりません。物質界に浸透しているアストラル界のなかに、私たちは生きています。

アストラル界は二重の世界であり、神界は一様な世界です。いわば、二つのアストラル界があるのです。一方は善のアストラル界、他方は悪のアストラル界です。神界について、このように際立った区別をすることは正しくありません。

世界を上から下に考察するなら、「まず高次の神界、それから下位神界、そしてアストラル界、それから物質界」と、言わねばなりません。こう言っただけでは、私たちはまだ世界全体を考察していません。物質界よりも低い世界を考察しなければなりません。物質界の下に、下方のアストラル界があります。善のアストラル界は、物質界の上にあります。悪のアストラル界は、物質界の下にあります。悪のアストラル界も、物質界に浸透しています。

さまざまな流れが、アストラル界の存在たちに向かっています。人間の善良な特性、邪悪な特性がアストラル的な存在たちへと発しているのを、私たちは識別しなくてはなりません。善良な流れはアストラル界の善い存在に行き、邪悪な流れは悪い存在に行きます。アストラル界の善い存在と悪い存在すべてを取り上げると、二つのアストラル界があることになります。神界を考察すると、アストラル界と同じではないことが分かります。アストラル界には二つの世界が入り込んでおり、たがいに浸透し合っているのです。この二つの世界が同等に、人間に関係を持っています。この二つは何よりも、その発生の仕方が異なっています。

地球進化を振り返ってみると、地球が太陽・月とまだ一体であった時代にいたります。のちには、つまり古い月時代には、地球は月と一体をなしており、太陽は外にありました。当時、つまり地球が現在の地球になる前に、すでにアストラル界が一つありました。このアストラル界は、妨害なしに進化していたら、善いアストラル界になっていたことでしょう。しかし、月が地球から分離したことによって、一般的なアストラル界に悪しきアストラル界が組み込まれました。

いまや、アストラル界に悪しきアストラル界が組み込まれた状態にあるのです。未来には、神界にも悪しき神界が組み込まれることになるでしょう。

差し当たって、二つのアストラル界があることを、心にとめておきましょう。一方のアストラル界には、人間の進歩にとって実り豊かな流れが入っていきます。他方のアストラル界には、人間の進化を妨げる流れが入っていきます。こちらのアストラル界に欲界が属しています。双方のアストラル界にいる存在たちが、私たちに影響をおよぼしています。

涅槃

涅槃界

通常、物体の三状態、固体・液体・気体が区分されます。固体は鉱物とは区別しなければなりません。空気も水も鉱物的です。

神智学の文献では、さらに四つの精妙な素材が付け加えられています。空気よりも精妙な元素は、容積がどこまでも拡張するものです。空気を拡散させるのは熱です。熱は精妙なエーテル素材です。熱エーテルが、第一エーテル段階です。第二種のエーテルが光エーテルです。輝く物体は、神智学で光エーテルと呼ばれる素材を放射しています。第三種のエーテルは、非常に精妙な素材を形成するものを担っています。形成するエーテル、化学エーテルとも呼ばれます。酸素と水素の結び付きは、このエーテルが引き起こします。最も精妙なエーテルは、生命を形成するエーテルです。プラーナ[*1]、生命エーテルです。

科学はこの四種のエーテルを一緒にしています。しかし、科学は次第に、いま述べたような区分を見出すでしょう。インドの文献は、エーテルの四段階について語っています。

まず、固体を取り上げましょう。固体は生命を持たないように見えます。生命をもって固体のなかに入っていきましょう。目覚めた状態で夢の世界のなかに生き、固体を探し出すことによって、そうできます。たとえば、自分が岩石の多い山地になったと考えてみます。そうすると、自分の生命が変化するように感じます。自分が生命に貫かれるのを感じます。意識ではなく自らの生命、エーテル体によって、人間は大般涅槃界と呼ばれる場所・状態にいます。この大般涅槃界に固体の生命が存在します。大般涅槃界は固体の対極をなしています。生命をもって大般涅槃界にいたるということを、べつの作用から知覚できます。人間はそこから戻るとき、大般涅槃状態における存在の作用を体験しました。固体は、ここに生命を有しています。

第二のものとして液体があります。夢の状態で海のなかにおり、自分が海であるかのように考えると、般涅槃界の液体の生命を体験できます。このように、人はさまざまな領域を知ります。

第三に、夢のなかで空気のなかに身を置くと、涅槃界にいることになります。涅槃は「消える」という意味です。火が消えるように、空気中で消えるのです。そのなかに生命を探求するとき、人間は自らの生命をもって涅槃界にいます。人間は空気を吸います。空気の生命を自分のなかで体験するなら、それが涅槃界にいたる道です。そのため、瑜《ゆ》伽《が》行者は呼吸法を修行します。本当に呼吸法を行なわないと、涅槃界にいたれません。誤った段階で呼吸法を行なえば、たんなるハタヨーガ[*2]の訓練です。そうでなければ、ラージャヨーガ[*3]の訓練です。人間は実際に生命、涅槃界を吸いこみます。

第四に、涅槃界の下にブッディ界あるいはシュシュプティ界があります。そこでは、熱が生命を有しています。人間のなかでブッディが発達すると、すべての愛欲は無私の愛へと変化します。体温のない動物には熱情がありません。人間は高次の段階で、熱情のない状態に達しなければなりません。人間は生命をシュシュプティ界に有するからです。

第五に神界あるいはメンタル界がきます。そこでは、光エーテルが生命を有していいます。太陽の光が神界に生きています。それゆえ、叡智と光には内的な関係があります。光を夢の意識のなかで体験すると、そのなかに叡智が体験されます。神が光のなかに開示するときは、いつもそうです。燃える茨の茂み、つまり光のなかでエホヴァ[*4]はモーセに現われて、叡智を開示しました。

第六はアストラル界です。ここに化学エーテルが生きています。夢遊病の人は、アストラル界で化学製品の特性、化学的特性を知覚します。化学エーテルはアストラル界に生命を有しているからです。

第七は物質界です。ここで、生命エーテルは本来の要素のなかに生きています。生命エーテルにおいて、人間は生命を知覚します。生命エーテルは原子エーテルとも言われます。生命エーテルはこの世界に自らの生命、自らの中心点を有しているからです。この世界に生きるものは、この世界に自らの中心点を有しているのです。

＊1　プラーナ　インド哲学で、宇宙にみなぎる生気のこと。

＊2　ハタヨーガ　身体の生理的操作によって宇宙と合体しようとするヨーガ。尾骶骨あたりに潜む性力・クンダリニーを脊椎沿いに上昇させることを目指す。

＊3　ラージャヨーガ　『ヨーガ・スートラ』に説かれる古典的ヨーガ。

＊4　エホヴァ　『旧約聖書』に登場する神。ヤハウェ。『シュタイナー用語辞典』参照。

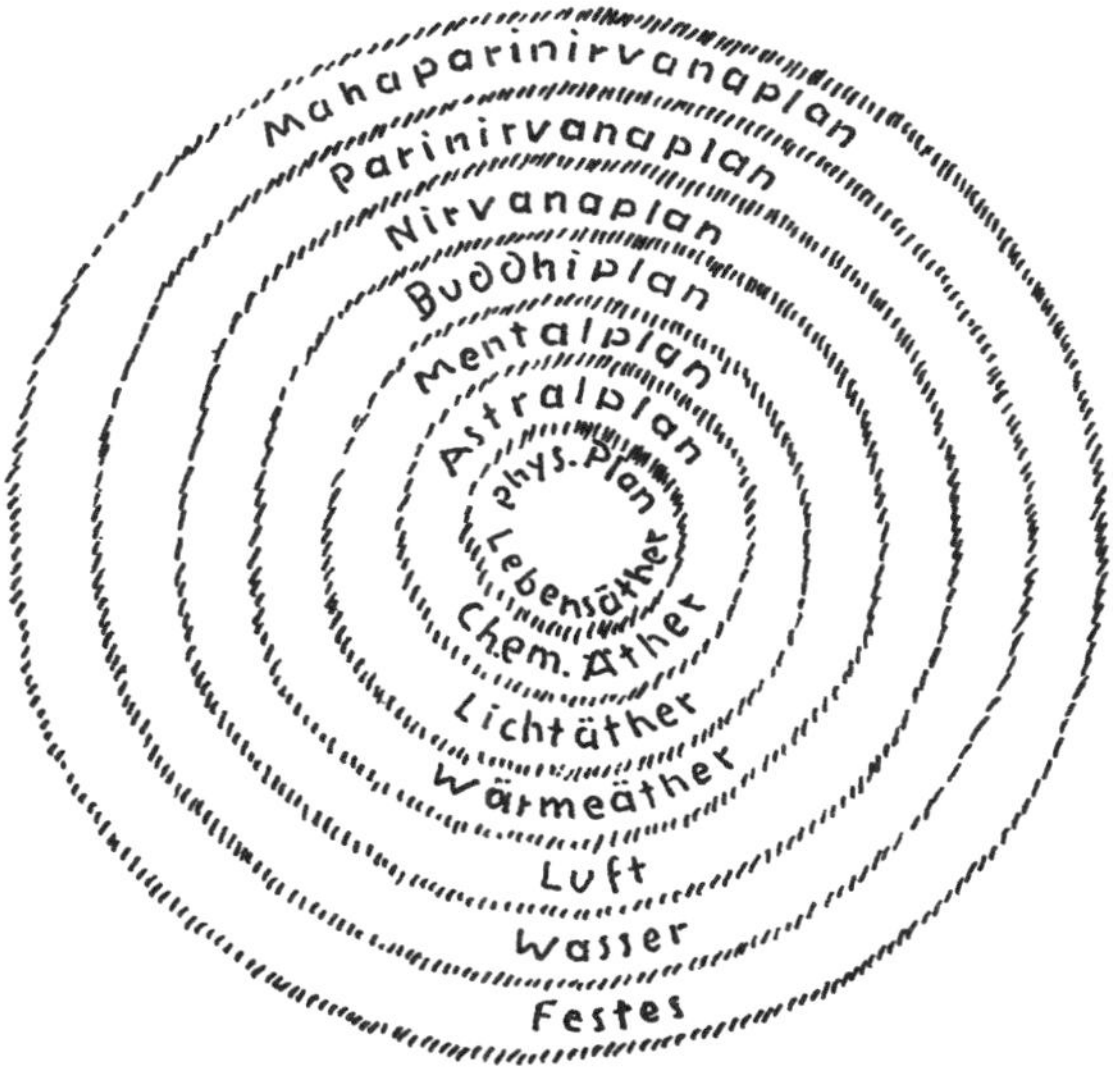

大般涅槃界
般涅槃界
涅槃界
ブッディ界
メンタル界
アストラル界
物質界
生命エーテル
化学エーテル
光エーテル
熱エーテル
空気
水
固体

無からの創造

実際の行動において、人間は通常なにも新しいものを創造しません。大多数の人間は、すでに創造されたことのみを行ないます。ただ少数の人間のみが、道徳的な直観から創造し、新しい行為を世界にもたらします。新しいものは、さまざまな関係をとおして世界にもたらされます。ですから、しばしば、道徳的な行為は関係のなかに存在する、と言われます。道徳的な行為は、たとえば好意からなされる行動のなかに見出されます。

たいていの行為は、古い行為に基づいています。新たなものを含む行為や出来事も、通常、古い行為に基づいています。まったく過去に基づかず、自分の理性によって行為するとき、その行為は自由です。そのような行為を神秘学は「無からの創造」と呼んでいます。

そのほかのあらゆる行為はカルマから作られます。カルマの逆は無、すなわちカルマに基づかない行為です。

ここで、カルマによって規定されている人間を考えてみましょう。過去の行為・思考・感情によって規定されている人間です。その人間が進歩して、あらゆるカルマを解消し、無に向かい合ったとしてみましょう。そのような状況で、その人間が行為するなら、「彼は涅槃から行為する」と、神秘学では言われます。

仏陀の行為や、キリストの行為——すくなくともその一部——は、涅槃から行なわれたものです。ふつうの人間は、芸術的・宗教的・歴史的に霊感を受けるときにのみ、そのような行為に近づきます。

直観的な創造は「無」から到来します。直観的な創造にいたろうとする者は、完全にカルマから自由でなければなりません。そうすると、通常の衝動から離れることができます。その人にやってくる気分は、神的な至福、つまり涅槃状態です。

カルマの発生

人間はどのようにして涅槃にいたるのでしょうか。レムリア時代を振り返ってみましょう。地上の人間は、最初は四本足で歩きます。「純粋人間」つまりモナドが受肉した存在は、四本足で歩みました。モナドは自分が受肉した存在を次第に直立させ、前足を手にしました。このとき、カルマが始まったのです。人間のカルマは、人間が手を仕事に使うようになって始まったのです。

それ以前は、人間は個人的なカルマを作りませんでした。人間が水平的な存在から垂直的な存在になり、両手が自由になったのは、人類進化における非常に重要な段階でした。そのようにして、人間はアトランティス時代[*1]へと進化していきます。

つぎの段階で人間は言語を使用することを学びました。まず両手の使用、それから言語の使用です。人間は手を使って世界で行為し、言語によって世界を言葉で満たします。人間が死ぬと、彼が周囲で行なった行為と言葉が生きつづけます。人間の行為はすべてカルマとして残ります。人間が語った言葉は、たんに自分個人のカルマではなく、本質的に別のものとして残ります。

人間がまだ語らず、ただ行為していた時代を振り返りましょう。そこでは、行為は個人からのみ発するものでした。言語ができると、行為は単に個人的であることをやめます。言語によって人間同士が意志を疎通するようになったからです。これはアトランティス時代における非常に重要な時点です。

最初の言葉が発せられたとき、人類のカルマが世界のなかにとどまりました。人間同士が話し合いはじめると、人類全体から共同のものが流れます。私たちが語ったことが周囲に広まるとき、私たち自身以上のものが広がります。私たちが語るもののなかに、全人類が生きます。手の行為は、無私のものになるときにのみ、全人類のためのものになります。

言語を用いるときは、人間は完全に利己的な行為を果たすことはできません。利己的であるためには、発言者一人一人が自分専用の言語を語らねばならないでしょう。言語は完全に利己的にはなれません。手の行為は、たいてい利己的です。神秘学者は「私が手で行なうことは、たんに私の行為でありうる。私が語るとき、私は民族・種族の一員として語る」と言います。

そのように、私たちは周囲に、手の行為によって個人的な痕跡を、そして言葉をとおして人類の痕跡を残します。これを正確に区別しなければなりません。私たちの周囲にある自然、鉱物界・植物界・動物界は、過去の行為の結果によって存在しています。私たちの行為によって周囲に作られたものは、新たに世界のなかにやってきたものです。各人の行為をとおして、新たなものが世界に入ってきます。新たなものは、全人類をとおしてもやってきます。

人間はレムリア時代の中期に地上に歩み入り、初めてみずからのカルマを作りました。では、この最初のカルマは、どこからやってきたのでしょうか。

カルマは涅槃からやってくるのです。当時、涅槃から何かが世界のなかに働きかけねばなりませんでした。「無」からの創造がなされる所から、何かがやってこなければならなかったのです。

そのころ、地球を実らせた存在は涅槃に到達したのです。四足で歩く存在を受精させて人間にならせたのは、涅槃界から下ってきた存在でした。それらの存在はモナドと呼ばれます。涅槃界から来て、私たち人間のなかに存在しているものがモナドです。まったく新しいものが世界のなかに入ってきて、かつての行為の作用としてすでに存在しているもののなかに受肉したのです。

こうして、私たちは三つの段階を区別します。第一に、手で行なわれる外的な行為です。第二に、発せられた言葉によって生じるものです。第三に、思考によって引き起こされるものです。思考は、言語によって引き起こされるものよりもずっと包括的なものです。言語は民族によって異なりますが、思考は全人類に属します。

東洋の神秘学者は、「私たちの人生は行為・発話・思考による境界に囲まれている。それらすべてが存在しないと考えると、通常の人間に残るものはほとんど何もない。それらすべてを越え出たときに、まだ何かを有すると、それが秘教の成果である。そのときまだ残るのは涅槃の体験である」と言います。

＊1　アトランティス時代　地球の第四周期の第四球期（物質状態）における四番目の時代。大西洋上にあったアトランティス大陸が人類進化の主な舞台になった。『シュタイナー用語辞典』参照。

出典

「地獄」(一九〇八年四月一六日、ベルリン)
Die Erkenntnis der Seele und des Geistes(シュタイナー全集五六巻)

「天国」(一九〇八年五月一四日、ベルリン)
Die Erkenntnis der Seele und des Geistes(全集五六巻)

「心魂の世界」(一九〇四年一一月一〇日、ベルリン)
Ursprung und Ziel des Menschen(全集五三巻)

「精神の国」(一九〇四年一一月一七日、ベルリン)
Ursprung und Ziel des Menschen(全集五三巻)

「アストラル界の法則と神界の法則」(一九〇八年一〇月二六日、ベルリン)
Geisteswissenschaftliche Menschenkunde(全集一〇七巻)

「第八領域」（一九〇五年一〇月九日、ベルリン）
Grundelemente der Esoterik（全集九三a巻）
「高次世界の現実」（一九二一年一一月二五日、オスロ）
Die Wirklichkeit der Höheren Welten（全集七九巻）
「地球の内部」（一九〇六年九月四日、シュトゥットガルト）
Vor dem Tore der Theosophie（全集九五巻）
「アストラル界」（一九〇八年一〇月一九日、ベルリン）
Geisteswissenschaftliche Menschenkunde（全集一〇七巻）
「涅槃」（一九〇五年九月三〇日、一〇月一一日、ベルリン）
Grundelemente der Esoterik（全集九三a巻）

ルドルフ・シュタイナー（Rudolf Steiner）
1861年ハンガリーで生まれ、1925年スイスで没したオーストリアの精神哲学者。自然科学研究・哲学研究を経て、独自の精神科学＝人智学 Anthroposophie を樹立。教育・医学・農業の分野で大きな業績を残した。著書に『シュタイナー自伝』（アルテ）『シュタイナー世直し問答』（風濤社）、講義録に『子どもの健全な成長』（アルテ）など。

西川隆範（にしかわ　りゅうはん）
1953年、京都市に生まれる。スイスのシュタイナー幼稚園教員養成所講師、アメリカのシュタイナー・カレッジ客員講師を経て、多摩美術大学非常勤講師。おもな著書・訳書に『職業のカルマと未来』『シュタイナー教育ハンドブック』『シュタイナー式優律思美な暮らし』（以上、風濤社）『シュタイナー経済学講座』（筑摩書房）『生き方としての仏教入門』（河出書房新社）ほか。

天国と地獄

ルドルフ・シュタイナー著

西川隆範編訳

2010年5月1日　初版第一刷発行

発行…………風濤社

発行者………高橋　栄

東京都文京区本郷 2-3-3　113-0033

TEL 03-3813-3421

FAX 03-3813-3422

HP http://futohsha.co.jp

組版…………有限会社閏月社

印刷所………吉原印刷株式会社

製本所………積信堂

乱丁・落丁本はお取り替えいたします。